中华优秀传统文化大众化系列读物

诸子百家逻辑故事趣谈

孙中原　著

2018年·北京

图书在版编目(CIP)数据

诸子百家逻辑故事趣谈/孙中原著.—北京：商务印书馆，2017（2018.6重印）
（中华优秀传统文化大众化系列读物）
ISBN 978-7-100-12598-7

Ⅰ.①诸… Ⅱ.①孙… Ⅲ.①先秦哲学—通俗读物 Ⅳ.① B22-49

中国版本图书馆 CIP 数据核字（2016）第 231973 号

权利保留，侵权必究。

（中华优秀传统文化大众化系列读物）
诸子百家逻辑故事趣谈
孙中原 著

商 务 印 书 馆 出 版
（北京王府井大街36号 邮政编码100710）
商 务 印 书 馆 发 行
三河市尚艺印装有限公司印刷
ISBN 978-7-100-12598-7

2017年1月第1版　　开本880×1230　1/32
2018年6月北京第2次印刷　印张10 3/4

定价：40.00元

创转创发相融通

《中华优秀传统文化大众化系列读物》丛书序

习近平总书记2014年9月24日在纪念孔子诞辰研讨会讲话说,要"努力实现传统文化的创造性转化、创新性发展,使之与现实文化相融相通"。本丛书取名为《中华优秀传统文化大众化系列读物》。以下简述本丛书著作的宗旨、缘起和内容。

一、宗旨

本丛书著作的宗旨,是弘扬中华优秀传统文化,阐发中华优秀传统文化"与现实文化相融相通"的意涵,推动中华优秀传统文化在新时代的"创造性转化、创新性发展",为振兴中华,实现中华民族伟大复兴的中国梦,提供锐利的思想武器和强大的精神动力,致力于中华优秀传统文化的大众化、普及化,通俗易懂,有科学性、知识性和可读性,适合广大人民群众阅读。

二、缘起

本丛书著作，缘起于我跟商务印书馆多年良好的合作共事。经多年酝酿，编撰拙著《中国逻辑研究》，2006年由商务印书馆出版。2015年经全国哲学社会科学规划办公室组织专家评审，全国哲学社会科学规划领导小组批准，获2015年国家社科基金中华学术外译项目立项，译为英文，在国外刊行。合著《墨子今注今译》，2009年由商务印书馆出版，2012年第2次印刷更新。从2012年开始至今，我陆续跟商务印书馆签约，致力于本丛书的编撰。这是我1961—1964年奉调师从中国科学院哲学研究所汪奠基、沈有鼎教授，专攻古文献，历经数十年教学和研究积淀的成果。

三、内容

本丛书首批出版著作15种：

1.《五经趣谈》：趣谈《诗》、《书》、《礼》、《易》与《春秋》的义理。

2.《二十四史趣谈》：趣谈二十四史的启示借鉴。

3.《诸子百家趣谈》：趣谈诸子百家人物、流派、典籍与学说。

4.《古文大家趣谈》：趣谈古文大家的文学精粹。

5.《墨学趣谈》：趣谈墨学的知识启迪。

6.《墨子趣谈》：趣谈墨家的智慧辩术。

7.《墨学与现实文化趣谈》：趣谈墨学与现代文化的关联。

8.《墨学与中国逻辑学趣谈》：趣谈墨学与中国逻辑学的前沿课题。

9.《中国逻辑学趣谈》：趣谈中国逻辑学的精华。

10.《诡辩与逻辑名篇趣谈》：趣谈先秦两汉的诡辩与逻辑名篇。

11.《诸子百家逻辑故事趣谈》：趣谈诸子百家经典的逻辑故事。

12.《中华先哲思维技艺趣谈》：趣谈中华先哲的思维表达技巧。

13.《东方逻辑趣谈》：日学者趣谈中印西方逻辑，著者授权译介。

14.《管子趣谈》：趣谈《管子》的治国理政智谋。

15.《墨经趣谈》：趣谈《墨经》的科学人文精神。

本丛书著作，由商务印书馆编审出版，谨致谢忱。不当之处请指正。

孙中原

2016年4月10日

前 言

本书选讲的是诸子百家经典中的逻辑故事，以展现诸子百家逻辑智慧原有的趣味性、生动性和科学意义，希望能对今人有一定的启迪和借鉴作用。

这些故事，来源于儒家著作《论语》、《孟子》、《荀子》，墨家著作《墨子》，道家著作《庄子》，名家著作《尹文子》、《公孙龙子》，杂家著作吕不韦编《吕氏春秋》，法家著作《韩非子》，西汉刘安编《淮南子》，东汉王充著作《论衡》，晋代欧阳建著作《言尽意论》和鲁胜著作《墨辩注序》等。

在中国文化轴心时代春秋战国时期，涌现出孔子、孟子、荀子、墨子、庄子、尹文子、公孙龙子、吕不韦、韩非子等诸子百家，他们是古代杰出的思想家、知识精英和文化巨人，对中国文化贡献了具有持久、深远影响的精神财富。

诸子百家在当时尖锐激烈的争鸣辩论中，论证自己的学说，反驳他人的观点，讲求逻辑思维表达的技巧，创造发展有中国特色的逻辑思想。孔子、孟子、荀子有正名逻辑，墨家有辩论逻辑，庄子名家有辩证命题，吕不韦有语义理论，韩非子有矛盾之说等，都是中华民族智慧的精华，推动了中华文化的发展，至今仍具有很强的生命力，今人可以从中汲取智慧，受到启迪，增进今人正确思维和成功交际的技艺。

西汉刘安、东汉王充和晋代欧阳建、鲁胜等人的逻辑议论，继承春秋战国诸子百家争鸣辩论的传统，在新条件下发展了先秦的逻辑智慧。

目 录

一 对父母的孝,跟养活狗马一样吗?
　　——孔子论定义 ············· 1
二 子贡和颜回谁更聪明
　　——孔子论类比 ············· 5
三 一寸木块比楼高
　　——孟子论类比 ············· 10
四 明察秋毫,不见舆薪
　　——孟子论归谬 ············· 15
五 不用譬喻不说话
　　——惠施善譬 ··············· 19
六 好治怪说玩奇词
　　——惠施和辩者 ············· 23
七 望洋兴叹井蛙见
　　——庄子论整体 ············· 40
八 荒唐之言有奇趣
　　——庄子的机智 ············· 46

九　从"卵有毛"到"轮不蹍地"
　　——本体论的辩论 ················· 53
十　从"火不热"到"目不见"
　　——认识论的辩论 ················· 62
十一　黄公美女没人娶
　　——尹文的逻辑 ··················· 65
十二　诡辩家讲逻辑
　　——公孙龙的机智 ················· 74
十三　中国岂能无概念
　　——墨家的概念论 ················· 80
十四　反驳"孤驹未尝有母"
　　——墨家的命题论 ················· 103
十五　玉石老鼠相混淆
　　——墨家的同一律 ················· 119
十六　是牛又不是牛
　　——墨家的矛盾律 ················· 124
十七　从室外能推室内
　　——墨家论"说知" ················ 139
十八　闻战而推的误区
　　——墨家谈推论 ··················· 177
十九　世上树叶论同异
　　——墨家谈方法 ··················· 189

二十	反驳三种诡辩	
	——荀子的概念论	205
二十一	庄伯父亲闹别扭	
	——吕不韦论语言	229
二十二	夔天生一只脚?	
	——吕不韦论语义	243
二十三	半身不遂和起死回生	
	——吕不韦论类推	249
二十四	黎丘人错杀儿子	
	——吕不韦论真假	256
二十五	自相矛盾有故事	
	——韩非子的贡献	260
二十六	空木浮而知为舟	
	——刘安论类推	265
二十七	得利剑不如得巧	
	——刘安论方法	268
二十八	丑中有美美有丑	
	——刘安论全面性	270
二十九	区分白黑明是非	
	——刘安论真理	274
三十	巧驳尧能射日	
	——王充论归谬	277

三十一　心中有杆秤
　　　——王充论证明 ································· 284
三十二　论证无鬼
　　　——王充谈推理 ································· 287
三十三　孔孟的错误
　　　——王充谈论证 ································· 293
三十四　言不尽意有故事
　　　——欧阳建的《言尽意论》······················· 296
三十五　身在林泉注墨辩
　　　——鲁胜的《墨辩注序》························· 303
三十六　五个问题求甚解
　　　——心系墨辩六十年 ····························· 315
后记 ·· 331

一 对父母的孝，跟养活狗马一样吗？
——孔子论定义

孔子（前551—前479）的学生子游，向孔子请教什么叫作"孝"。孔子说："现在有人把对父母的'孝'说成是'能够养活'。但是，对狗马也有能够养活的问题。如果对父母不尊敬，把对父母的'孝'说成是'能够养活'，这同对狗马的养活，有什么区别呢？"这个故事，来源于儒家经典《论语·为政》的记载：

> 子游问孝。子曰："今之孝者，是谓能养。至于犬马，皆能有养。不敬，何以别乎？"

子游问孔子什么叫作"孝"，就是请孔子对"孝"的概念下定义。定义是从内涵上明确概念的逻辑方法。孔子对"孝"的概念的解释，应用了逻辑学上对概念下定义的方法。

对概念下定义，就是揭示概念的内涵，揭示概念所反映的事物的本质属性、特有属性，揭示一个属概念下的种概念之间的差别。

对父母和对狗马，都有"能够养活"的特点，这是二者的共同属性。二者的性质，除共同属性之外，还有各自的特有属性。孔子批评当时有人把对父母的"孝"说成是"能够养活"，这没有把握对父母"孝"的特有属性、本质特征，没有同养活狗马区别开来。对父母"孝"的特有属性、本质属性，是"尊敬"。如果对父母不尊敬，把对父母的孝，说成是"能够养活"，这就同对狗马的养活相混淆。

针对这一混淆，孔子从内涵上指出"孝"的特有属性、本质属性和种差，是对父母的"尊敬"，这就从特有属性、本质属性和种差上，把对父母的"孝"同对狗马的"养活"明确区分开来。

孔子把从内涵上区别概念的方法，叫作"正名"。所谓"正名"，即矫正语词、概念的方法。孔子首创的"正名"方法，是孔子在同他的学生子路的一场争辩中提出的。孔子的学生子路（前542—前480），性格直率勇敢，常在对话中提出与孔子不同的见解。据《论语·先进》记载，有一次子路同孔子顶嘴辩论，孔丘生气地对子路说："是故恶夫佞者。"意思是，所以我讨厌像你这样的犟嘴利舌的人！据《论语·子路》记载，有一次，在通往卫国的路上，子路给孔子赶大车，师徒二人有下面一番对话。

> 子路曰："卫君待子而为政，子将奚先？"
> 子曰："必也正名乎！"
> 子路曰："有是哉？子之迂也！奚其正？"
> 子曰："野哉，由也！君子于其所不知，盖阙如也。名不正，则言不顺。言不顺，则事不成。故君子名之必可言也，言之必可行也。君子于其言，无所苟而已矣！"

子路对孔子说："如果卫国国君等着您治理国政，您希望首先做什么呢？"孔子说："那一定是矫正用词不当的现象。"子路批评孔子说："您竟然迂腐到如此程度，怎样矫正用词不当的现象？"孔子反唇相讥说："你怎么这样粗野！君子对他所不懂的问题，应该采取谦虚的态度。语词概念不正确，说话就不能顺理成章。说话不能顺理成章，事情就办不成。君子用词，一定可以做出解释。做出解释后，一定可以行得通。君子说话，一定要严肃认真，不可苟且随便。"

孔子在中国历史上，首先提出说话用词是否正确，语词、概念是否具有确定性和确指性的问题。孔子的"正名"（语词、概念正确），要求名称与实际一致，名实相符，即纠正语义，保持语词意义的确指性、确定性。所谓"名不正"，即语词与其所指对象脱离，语义转变，名不符实。如对父母的"孝"，要同对狗马的"养活"区别开来。

又如"觚"这个名的本义和转义有区别。"觚"这个词的本义，是指有角的酒器。这种酒器上圆下方，腹部和足部有四条棱角。后来"觚"这个词用滥了，把不是上圆下方，没有棱角的圆形酒器，也叫作"觚"。孔子认为这是应该纠正的"名不正"的现象。据《论语·雍也》记载，孔子批评说："觚不觚，觚哉？觚哉？"意思是："现在说的觚没有角，这也叫作觚吗？这也叫作觚吗？"

再如君、臣、父、子的名，也各有确定的所指，不能混淆。据《论语·颜渊》记载，齐景公向孔子请教从政的原则，孔子回答说："君君，臣臣，父父，子子。"意思是，称呼君之名，要合乎君之实。称呼臣、父、子之名，也是一样。

孔子提出"正名"方法的社会背景，是社会的进化、变动所导致的语词、概念使用的混乱。孔子"正名"的目的，是解决社会上用名混乱的现象。

孔子在教育、游说中首创的"正名"方法，在中国古代逻辑领域产生了重大的影响，诸子百家都受孔子"正名"的影响，从各种不同角度发挥"正名"的理论。"正名"和定义的逻辑技巧，在表达和辩论中是不可缺少的。

二 子贡和颜回谁更聪明
——孔子论类比

有一次，孔子叫他的学生子贡回答一个问题：你与颜回相比，谁更聪明？子贡知道孔子最喜欢聪明过人的学生颜回，于是谦虚地说："俺子贡哪能与颜回相比呀！颜回是听到一件事，能够推知十件事。而我听到一件事，才能推知两件事。"孔子说："你不如颜回。我同意你说的不如颜回。"这个故事来源于《论语·公冶长》的记载：

> 子谓子贡曰："女（汝）与回也孰愈？"
> 对曰："赐也何敢望回？回也闻一以知十，赐也闻一以知二。"
> 子曰："弗如也，吾与女（汝）弗如也。"

后人用"闻一知二"和"闻一知十"的成语，形容聪明和善于类推。《醒世恒言·苏小妹三难新郎》说："又生个女儿，名曰小妹，其聪明绝世无双，真个闻一知二，问十答十。"蔡东藩《慈禧太后演义》第三十五回说:"西太后赞他道:'古人云闻一知二,与你说了左转,你便晓得右转。岂不是闻一知二嘛!'"这里用"闻一知二"成语形容聪明和善于类推。

孔子还用"告往知来"、"温故知新"和"举一反三"的成语,形容聪明和善于类推。"告往知来"的成语出自《论语·学而》的记载:

子贡曰:"贫而无谄,富而无骄,何如?"子曰:"可也。未若贫而乐,富而好礼者也。"子贡曰:《诗》云:'如切如磋,如琢如磨',其斯之谓与?"子曰:"赐也,始可与言《诗》已矣,告诸往而知来者。"

子贡提出"贫穷而不巴结奉承,富裕而不骄傲自满"的论点,问孔子认为怎么样。孔子说:"可以。不过,不如贫穷而乐于行道,富裕而爱好礼节的论点,更为积极。"子贡于是发挥说:"《诗经》上说:'要像整理玉石一样,切磋它,琢磨它,精益求精。'我们探讨问题,也可以这样说吧?"孔子说:"子贡呀,现在可以同你讨论《诗经》了,告诉你过去的知识,你能够推知未来的知识。"

《论语·为政》记载孔子说:"温故而知新,可以为师矣。"即温习学过的知识，得到新的理解和体会，能够有所创造发明，便可以为人师表了。后来常用"温故知新"的成语，表示善于类推和创新。

《论语·述而》记载孔子说："不愤不启，不悱不发。举一隅不以三隅反，则不复也。"即教育学生，不到他想弄明白而自己达不到的时候，不去开导他。不到他想说出来而自己说不出的时候，不去启发他。给他列举方形一个角的性质，不能推知另外三个角的性质，就不想再教他了。后常用"举一反三"的成语，比喻触类旁通，从已知一个事物的性质，类推相似事物的性质。

孔子这位中国古代伟大的教育家，根据丰富的教学实践经验，探讨了类推方法和知识增长的关系。来自孔子教育实践的成语"闻一知二"、"闻一知十"、"告往知来"、"温故知新"和"举一反三"等，说明孔子已看到类推方法对知识增长的作用。后世人们也常引用这些成语，表达通过类推增长聪明、智慧和知识的意思。

不过，应该指出，这些成语尽管隐含有类推的意思，但只能看作是中国逻辑思想的发端，对类推性质和作用的一般思考，还没有进入到具体研究推理的形式和方法，也没有明确涉及归纳、演绎和类比等不同的推理方式。

如果要细分的话，"告往知来"是倾向于演绎推理。孔子还没有历史发展的观点，他认为未来的历史是过去历史的重复。《论语·为政》记载，孔子回答学生子张关于"十代以后的社会制度是否可以预知"的问题时说："殷朝沿袭着夏朝的制度，变化没有多少。周朝又沿袭着殷朝的制度，变化没有多少。所以，继承周朝制度的，何止是十代，就是一百代（大约三千年之久）以后，也是可以预知的。"

孔子在这里所用的方法，主要是演绎的方法，即从他的历史不变观的错误大前提中引申出答案。从他所举的例证来看，也可以说他又犯了简单枚举归纳法中"以偏概全"（仓促概括）的错误，或论证中"以相对为绝对"的错误。因为仅从他身前夏、商、周三代，后代沿袭前代的规律，不足以推出在他身后三千年间，都是沿袭一种社会制度。

孔子所谓"温故知新"，主张以旧知推新知，有所创新发明，主要是归纳的方法。而"闻一知二"、"闻一知十"和"举一反三"，是同类相推的类比推理方法。孔子在教学实践和历史文化的整理研究中，看到了证明的作用，主张言论要有足够的证据。

《论语·八佾》记载孔子说："夏礼，吾能言之，杞不足征也；殷礼，吾能言之，宋不足征也。文献不足故也。足，则吾能征之矣。"即夏代的礼，我能说出来，它的后代杞国不足以做证。殷代的礼，我能说出来，它的后代宋国不足以做证。这是历史文献不足的缘故。如果文献充足,我就能引来做证了。"征"即证明、证验。这里已经要求论证要有充分根据,即理由要充足。这种要求重证据的思想,是孔子智慧中的科学成分,是中国古代逻辑发端时期的重要收获。

三　一寸木块比楼高
——孟子论类比

比较是认识事物同异的方法。类比是从相似事物的已知属性推测未知属性的方法。在比较和类比中应采取同一标准。如果在比较和类比中标准不统一，就会犯不当比较、不当类比的逻辑错误。

如果拿吃饭的重要方面和礼节的次要方面相比较，就会得出吃饭重于礼节的错误结论。拿婚姻的重要方面与礼节的次要方面相比较，就会得出婚姻重于礼节的错误结论。这违反了比较和类比应采取同一标准的规则，犯了不当比较和类比的逻辑错误。

如果不采取同一标准，可以得出一寸厚的木块（放在高处）竟比一座楼还高的荒谬结论。比较金子和羽毛的轻重，应以单位体积（占有同一空间）的同一标准来衡量，不能说三钱多重的金子比一大车羽毛还要重。

孟子用归谬的方法批评任国人：如果扭断哥哥的胳膊，抢夺他的食物，就会得到吃的。不扭断就得不到吃的，那你去扭吗？跳过东邻的墙头，去搂人家的女子，便得到妻室。不去搂抱，便得不到妻室，那你去搂吗？为了取得食物和妻子，竟然不顾起码的礼义廉耻。这是从对方不当比较和类比中得出的荒谬结论，由此可见对方论点的谬误。这一故事，来源于《孟子·告子下》的记载：

任人有问屋庐子曰："礼与食孰重？"

（屋庐子）曰："礼重。"

（任人）曰："色与礼熟重？"

（屋庐子）曰："礼重。"

（任人）曰："以礼食，则饥而死。不以礼食，则得食。必以礼乎？亲迎，则不得妻。不亲迎，则得妻。必亲迎乎？"

屋庐子不能对，明日之邹以告孟子。

孟子曰："于答是也，何有？不揣其本，而齐其末，方寸之木可使高于岑楼。金重于羽者，岂谓一钩金与一舆羽之谓哉？取食之重者与礼之轻者而比之，奚翅食重？取色之重者与礼之轻者而比之，奚翅色重？往应之曰：'紾兄之臂而夺之食，则得食。不紾，则不得食。则将紾之乎？逾东家墙而搂其处子，则得妻。不搂，则不得妻。则将搂之乎？'"

孟子批评任国人"不揣其本，而齐其末"、"取食之重者与礼之轻者而比之"和"取色之重者与礼之轻者而比之"，等于指出任国人的推论，犯了机械类比的错误，因而会得出"一寸厚的木块比一座楼还高"、"吃饭重于礼节"和"娶老婆重于礼节"的错误结论，等于指出类比推理的规则：类比的性质应该是本质的，类比的过程应该采取同一标准。

墨家著作《墨经》在孟子上述议论的基础上，进一步分析了不当比较和类比的逻辑谬误。《墨子·经下》说："异类不比，说在量。"《墨子·经说下》说："木与夜孰长？智与粟孰多？爵、亲、行、贾（价）四者孰贵？"意思是不同类的事物不能相比，因为它们各有不同的量度标准。如木头的长度属于空间，夜间的长度属于时间，怎能问木头和夜间哪一个更长？智能的多属于精神，粟米的多属于物质，怎能问智能和粟米哪一个更多？爵位的贵属于等级，亲属的贵属于血缘，操行的贵属于道德，价格的贵属于交易，怎能问爵位、亲属、操行和价格哪一个更贵？

《孟子·告子上》说："故凡同类者，举相似也。"即所有同类事物，都大体相似，有共同属性。这是对类概念的正确规定。类是标志事物性质同异的界限和范围的范畴。事物在某方面有相同的性质，叫"类同"。

《墨子·经说上》说："有以同，类同也。"因此可以对同类事物在同样的性质上进行比较或类比。如这根木头和那根木头的长度同属空间，因此可以在同一个标准上去比较。冬夜与夏夜的长度，同属时间，因此可以在同一个标准上去比较。事物在某方面没有相同的性质，叫"不类"。对于具有不同性质或本质的事物，不能在同一标准下进行比较和类比，不然就会犯不当比较或类比的逻辑错误。这种不当比较或类比，由于没有采用同一标准，并且使用概念不同一，如上述各例中"长"、"多"、"贵"的概念不同一，所以也是违反逻辑同一律的，犯了偷换概念或偷换论题的逻辑错误。

在古代辩论中，违反正确比较或类比的规则，进行不当比较或类比的诡辩，屡见不鲜。如"鸡三足"、"牛羊足五"、"黄马骊牛三"和"白狗黑"等诡辩命题的得出，就是不当比较或类比的结果。把概念或集合的"鸡足"同实体或元素的"鸡足"（左足、右足）这些不同类、不能相比的事物当作同类事物相加而成"鸡三足"的诡辩命题。"牛羊足五"、"黄马骊牛三"的诡辩命题同样。"白狗黑"的诡辩命题是这样得出的：

> 白狗的眼睛瞎，所以说是瞎狗。
> 白狗的眼睛黑。
> ————
> 所以说是黑狗。

这里推理的前提是正确的,而结论却是错误的,错误的根源在于不当类比。因为瞎狗本来指的是眼睛瞎,而黑狗却不是指眼睛黑,而是指整体毛色黑。这正如说狗大不是指眼睛大,而是指个头大一样。这个推理的素材,是墨家说的"一是而一非"的情况,即用来类比的前后两件事情,实质上是不同类的。诡辩家把本来不同类、不能类推的两件事当作同类而相推,犯了不当类比的错误,是有意进行诡辩。

四 明察秋毫，不见舆薪
——孟子论归谬

"明察秋毫，不见舆薪"，即眼睛明亮，能看清秋天鸟兽新生毫毛的末端，却不能看见一车柴草。语出《孟子·梁惠王上》："吾力足以举百钧，而不足以举一羽；明足以察秋毫之末，而不见舆薪。"即说"我的力量，能举起三千斤的重量，却举不起一根羽毛。我的眼睛明亮，能看清秋天鸟兽新生毫毛的末端，却不能看见一车柴草"。这是自相矛盾、荒谬的。依此类推，齐宣王的仁心，足以使禽兽沾光（看见一头牛被屠宰时的可怜相，而下令停止），却不能使百姓得到好处，这是矛盾的、荒谬的。齐宣王不施恩于百姓，不是不能干，是不肯干。

孟子这里所运用的推论形式，与墨子在《非攻》、《尚贤》等篇所运用的推论形式毫无二致。墨子批评大国诸侯，认为偷窃损人利己是不义，但攻掠别国损人利己却是义。遇到做衣服、杀牛羊、修弓箭、医病马等小事，人们知道任用贤能。而涉及治国的大事，国君却不知道任用贤能。墨家著作《小取》，把这种推论形式命名为"推"，定义为"以其所不取之，同于其所取者，予之也"。这种推论形式的实质，按西方逻辑的术语和方法，定名为归谬式类比推理。其中既有归谬法的因素，又有类比推理的因素。

归谬法是利用形式逻辑矛盾律的间接反驳方法，是带有必然性的演绎推理。类比推理是由两事物部分属性相似，推出其他属性也相似的或然性归纳推理。这种推论方式，既有逻辑性，又有生动性、形象性和鲜明性，有较强的说服力和感染力。

逻辑的形式和方法，具有全人类性，更具有超学派性。所以，尽管孟子在政治学术观点上极力反对墨子，说墨子兼爱是无父，是禽兽，但在逻辑形式和方法上，孟子和墨子毫无二致。晋代鲁胜评论说："孟子非墨子，其辩言正辞，则与墨同。"

孟子对归谬式类比推理的精彩运用，影响深远，至今犹值得品味体会。如孟子批评说："现在有人，他的无名指弯曲而不能伸直，虽然不痛苦，不妨碍工作，如果有人能够帮他伸直，即使走到秦国、楚国去医治，都不嫌远，就是因为指头不如人。指头不如人，知道厌恶。心性道德不如人，却不知道厌恶。这就叫作不知道类别。"

孟子这段话出自《孟子·告子上》："今有无名之指屈

而不信，非疾痛害事也，如有能信之者，则不远秦、楚之路，为指之不若人也。指不若人，则知恶之；心不若人，则不知恶，此之谓不知类也。"所谓"不知类"，即指出对方陷于自相矛盾、逻辑混乱。这是把矛盾律引入类比推理，使类比推理与归谬法结合，所以称之为归谬类比。

孟子在《孟子·滕文公上》中用归谬类比，批评陈相的论点"贤者与民并耕而食，饔飧而治"（贤明的治理者要和老百姓一起耕种才吃，亲自做饭并治理）。孟子为了反驳他的论点，先让他承认连此说的倡导者许行也要同别人交换帽子、炊具和农具，进而承认"百工之事固不可耕且为也"（各类手工业者，都不能既亲自种田，又从事手工业劳动），依此类推，治天下也不可耕且为。而这个命题与陈相提出的论点是矛盾的。对方如果不想使自己陷于逻辑矛盾，那就得承认自己原来的论点是错了。

孟子不仅把归谬类比运用于政治学术辩论，也用它来教育弟子。《孟子·滕文公下》记载，孟子给弟子彭更提出了两个命题：第一，论动机给吃的；第二，论功绩（效果）给吃的，让他选择。当彭更选择了第一个命题，即论动机给吃的后，孟子就举出实例，说明采取第一个命题，将会导致荒谬的结果，而采取第二个命题，则会避免矛盾，从而迫使弟子接受第二个命题，即应按功绩（效果）给吃的。

据《梁惠王下》记载，孟子反复举例，以小喻大，预设机巧，引齐宣王进入圈套。第一步，举例让齐宣王承认对不讲义气的朋友，要同他绝交。第二步，举例让齐宣王承认对不称职的司法官，要予以撤换。第三步，诘问齐国整个四境之内都没有得到治理，该谁负责任？最终结论是，齐宣王应该引咎自责，改良政治。但齐宣王既不想承认这一结论，又企图摆脱自相矛盾的困境，于是采取不置可否、转移论题的手法，"王顾左右而言他"。不过这样恰恰暴露了齐宣王的理屈和软弱。他既不敢面对事实，又不敢正视真理。

孟子在对话和辩论中，善设机巧，引人入套；欲擒先纵，以退为进；步步紧逼，层层追问；繁复举例，以小比大，可谓辩才无碍。孟子这些论辩方法，就推理形式来说，主要是类比推理。

在古代理论思维尚处于幼稚阶段，类比推理是普遍应用的推论方式。类比推理不仅被用来证明自己的观点，还被用来反驳论敌的主张，在论辩中发挥了间接反驳的巨大作用。它不仅有助于深刻有力的论证和反驳，还有助于生动通俗的议论和表达。由于这种方法收效显著，所以诸子百家都乐于采用。

五　不用譬喻不说话

——惠施善譬

汉代刘向《说苑·善说》记载惠施（约前370—前310）的故事说：有一位说客，对魏王出主意说："惠施谈论问题，善于使用譬喻。魏王您要是叫惠施说话时不用譬喻，他就说不出话来了。"魏王说："好吧！"第二天，魏王对惠施说："今天先生谈论问题，请直说，不用譬喻。"惠施说："现在有人在这里，不知道什么叫作弹（发射弹丸之器），问弹的形状是怎样的？我如果回答说弹的形状像弹，那能够明白吗？"

魏王说："不能明白。"惠施趁机解释说："说弹的形状像弓，用竹作弦，能够明白吗？"魏王说："能够明白。"惠施进而又解释说："谈论问题的人，本来就是用人们已经知道的，来譬喻说明人们还不知道的，从而使人知道。现在王说谈论问题不用譬喻，这办不到。"魏王说："说得好！"叫惠施不用譬喻，他偏用譬喻，以说明譬喻对说明问题的重要作用和譬喻的不可免，表现了辩者机智巧妙的辩论方法。这个故事的原文如下：

客谓梁王（即魏王）曰："惠子之言事也，善譬。王使无譬，则不能言矣。"

王曰："诺。"

明日见，谓惠子曰："愿先生言事，则直言耳，无譬也。"

惠子曰："今有人于此，而不知弹者曰：'弹之状何若？'应曰：'弹之状如弹则谕？'"王曰："未谕也。"

"于是更应曰：'弹之状如弓，而以竹为弦，则知乎？'"

王曰："可知矣。"

惠子曰："夫说者固以其所知，谕其所不知，而使人知之。今王曰无譬，则不可矣。"王曰："善。"

"弹之状如弹"这种同语反复，当然不能使人明白什么，"弹之状如弓，而以竹为弦"的定义，却既指出了弹与弓的共同点（状同），又指出了其不同点（弹以竹为弦）。弓的性状是已知的，再用弓来类比说明弹，指出其共同点与不同点，则弹的性状就变为已知的了。由已知到未知，这正是推理的认识作用。

"譬"这种论辩方式，大体上相当于类比推理。惠施对"譬"这种推论方式下了一个功用定义:"以其所知,谕其所不知,而使人知之。"即用对方所知的来类比推论对方所不知的,从而使对方由不知变为知,说明了譬式推理的认识作用。

惠施是战国中期名家的著名代表人物。在中国古代,名家又叫辩者。他们是一批以辩论为职业的人。在辩论中显示出杰出才能的人会受到当权者的重用,担任重要职务。惠施就因为以善辩闻名,所以被魏王重用,担任魏国宰相十余年。

辩者在辩论中应用得最广泛,最得意的辩论方式是"譬",即广义的类比推理。惠施这位杰出的辩者是善用譬式推理的行家里手。后期墨家著作《小取》说:"譬也者,举他物而以明之也。"这里对譬的定义同惠施的说法实质上是一样的。

"譬"不仅用于推理,也用于证明和反驳。它类似于因明学中的喻,即用一事例的一些性状来类比说明另一事例的性状。在中国古代经常譬喻连用。荀子《非相》说:"譬称以喻之。"古人所用譬喻,比今天用作文学修辞方式的譬喻含义更广,主要是指一种在辩论中常用的推理论证方式。

除惠施等辩者之外,其他古代思想家在辩论中也常用譬式推理的方式,如墨翟和他的反对者孟子同样都是引喻设譬以说明问题的能手。《墨子》一书中反映墨子思想的论文中，譬式推理的应用几乎举目皆是。"是犹"、"是譬犹"、"此譬犹"之类的类比推理的连接词几乎随处可见。

《兼爱》记载墨子同当时"王公大人"和"士君子"的辩论中，以治病要弄清病因类推治国要辩明国家混乱的原因："圣人以治天下为事者也，必知乱之所自起，焉能治之。不知乱之所自起，则不能治。譬之如医之攻人之疾者然，必知疾之所自起，焉能攻之。不知疾之所自起，则弗能攻。"这里要论证的论题，是治国要知道国家混乱的原因，论据是治病要知道病因。所用的论证方式是类比推理。这种论证是生动、鲜明、有力的。

孟子虽然在政治伦理观点上反对墨子，但在运用譬式推理的辩论方法上却与墨翟相同。《孟子》全书三万余字，运用譬式推理以论证问题的重要段落，达六十多处。东汉著名《孟子》注释家赵岐说："孟子长于譬喻，辞不迫切，而意已独至。"评价颇为中肯。

在辩论中以譬式推理来陈说事理，辩证是非，加强了议论的说服力量。譬式推理有助于深刻有力的论证和反驳，也有助于生动通俗的议论和表达。诸子百家都是运用这种方式于辩论的行家里手。如果叫他们在辩论中不用譬喻，那就等于不让他们说话。

六 好治怪说玩奇词
——惠施和辩者

惠施的命题

惠施是战国中期名家（辩者）学派的著名代表。史书称惠施在当时的学术地位仅次于孔子，与墨子不相上下，而远在孟子、庄子之上。惠施曾任魏国宰相十几年（前334—前322），替魏国制订过法律，制成后到民间征求意见，老百姓都说好，魏惠王看后也说好，并去听取贵族翟翦的意见。

翟翦攻击惠施制定的法律，将其比喻为"郑卫之音"。所谓"郑卫之音"，指郑、卫两国的民间音乐，与孔子提倡的雅乐（贵族音乐）相对。这从一个侧面说明惠施制订的法律反映了下层士人的利益，对守旧的贵族不利。惠施的思想学说与郑国的民间律师邓析（名家学派的开创者）一脉相承。

惠施和庄子是谈论学术的挚友，二人经常进行尖锐而友好的辩论。据《庄子·徐无鬼》记载，庄子用"运斤成风"的寓言来比喻他同惠施配合默契的关系，并慨叹说："自从惠施死了以后，我没有好的谈辩对手了。"

惠施博学多才，据说他写了五大车的书。由于惠施的学说不被列入中国的主流传统文化，所以他的五大车书到汉代已遗失了大部分。《汉书·艺文志》著录的《惠子》一书，后来也遗失了。现在研究惠施的学说，主要是根据《庄子·天下》的记载。

惠施多方（知识面广），其书五车。其道舛驳（矛盾多样），其言也不中。历物之意曰："至大无外，谓之大一；至小无内，谓之小一。无厚，不可积也，其大千里。天与地卑；山与泽平。日方中方睨；物方生方死。大同而与小同异，此之谓小同异；万物毕同毕异，此之谓大同异。南方无穷而有穷。今日适越而昔来。连环可解也。我知天下之中央，燕之北、越之南是也。泛爱万物，天地一体也。"惠施以此为大，观于天下而晓辩者。天下之辩者相与乐之。

卵有毛。鸡三足。郢有天下。犬可以为羊。马有卵。丁子有尾。火不热。山出口。轮不蹍地。目不见。指不至，至不绝。龟长于蛇。矩不方，规不可以为圆。凿不围枘。飞鸟之影未尝动也。镞矢之疾,而有不行不止之时。狗非犬。黄马骊牛三。白狗黑。孤驹未尝有母。一尺之棰,日取其半,万世不竭。辩者以此与惠施相应,终身无穷。

桓团、公孙龙,辩者之徒,饰人之心,易人之意,能胜人之口,不能服人之心,辩者之囿也。惠施日以其知与人之辩,特与天下之辩者为怪,此其柢(大概)也。然惠施之口谈,自以为最贤,曰:"天地其壮乎!"施存雄而无术。

南方有倚人焉,曰黄缭。问天地所以不坠不陷、风雨雷霆之故。惠施不辞而应,不虑而对,遍为万物说,说而不休,多而无已,犹以为寡,益之以怪,以反人为实,而欲以胜人为名,是以与众不适也。弱于德,强于物,其涂隩(道路狭窄)矣。由天地之道观惠施之能,其犹一蚊一虻之劳者也。其于物也何庸?夫充一尚可,曰愈贵道几矣!惠施不能以此自宁,散于万物而不厌,卒以善辩为名。惜乎惠施之才,骀荡而不得,逐万物而不反,是穷响以声,形与影竞走也,悲夫!

惠施从宏观和微观两个角度观察万物,留下许多具有深刻哲理的著名论点。这些论点,由于均采取违反常识

六 好治怪说玩奇词

的悖论的表达方式，在当时被看作诡辩。荀子批评诡辩论，常把惠施与邓析并提。他说惠施同邓析一样，"好治怪说，玩奇词"，即玩弄诡辩。惠施、邓析不顾"是非、然不然之情"，即不顾事实，提出一些违反常识的观点。《庄子·天下》说惠施在辩论中常"益之以怪，以反人为实"，"与众不适"，即他在议论中常加进一些违反常识的奇怪内容。

《庄子》和《荀子》列举惠施的论点，在当时都被看作违反常识的诡辩。现在看，在惠施和当时辩者的奇怪辩论中，不同程度地包含着合理的因素。其中许多悖论，已经变成了今人的常识和公认的真理，包含着符合实际的、科学的内容，可以说是真知睿智。分析惠施和当时辩者的这些所谓"奇词怪说"，可以发现其中所包含的逻辑智慧。即使是纯粹的诡辩，也可以分析其技巧、方法，找到其符合（诡辩论可以局部地利用或符合逻辑）或违背逻辑的因素，看到其对逻辑学产生、发展所起的刺激和推动作用。

（1）"至大无外，谓之大一；至小无内，谓之小一。"最大的没有外边，最小的没有里面，这是最早发现的数学上"无限大"和"无限小"的概念。

（2）"无厚不可积也，其大千里。""无厚"是中国古代名家（辩者）和后期墨家的几何学概念，相当于"面积"。几何学上的面积，只有长和宽两个维度，不能在高度（厚度）上将其累积起来。无论多少平面的叠合，其厚度也还等于零。可是从面积上说，它却可以延伸千里。

（3）"**天与地卑，山与泽平。**"这个论点，是由不同的观察角度确立的。从常识角度和一般概念说，天、地不是一样高，山、泽也不是一样平。但从整个宇宙无限大的观点来看，天和地、山和渊可以互比高低，其间的差别可以忽略不计，从而可以看作是一样平的。在少数的情况下，有的山（如平原上的山）和有的渊（如高原上的渊）也可以是一样平的，这是有别于一般情况的例外。

《墨子·经上》说："平，同高也。"按这个观点说，天、地不是一样高，山、泽也不是一样平。这是从常识角度和一般概念来说的。荀子在《正名》说惠施、邓析"山渊平"的论点，是属于概念混乱的诡辩，其错误实质是"惑于用实以乱名"，即用个别事例来搞乱一般概念。

荀子提出克服这种诡辩的方法，是"验之所缘以同异，而观其孰调，则能禁之矣"（《荀子·正名》），即拿概念来自事物同异的一般观点来检验，而观察哪个论点行得通，就能够禁止了。墨家和荀子的观点，是维护常识、一般概念的确定性。惠施的论点，从概念的灵活性和对立的相对性角度观察问题，包含辩证思维的萌芽。

（4）"**日方中方睨，物方生方死。**"意思是：太阳升到正中，同时就开始西斜了。事物正在产生，同时正在死亡。这个论点涉及辩证逻辑概念的灵活性。"太阳升到正中，同时就开始西斜了"的论点，可以从机械运动的矛盾本性和不同的观察角度说。

从机械运动的矛盾本性角度说，机械运动本来就是间断性（点截性）和不间断性（连续性）矛盾双方的对立统一。物体在同一瞬间既在一点，又不在一点；既在这一点，又在另一点。所以太阳既是升到正中，又不是正中。从不同的观察角度说，我们说是正中，处在我们东面和西面的人说不是正中。一切生物机体都是处在新陈代谢中，既是生，又是死。这个论点包含着深刻的科学知识和真理，不是诡辩。

（5）"**大同而与'小同异'，此之谓小同异；万物毕同毕异，此之谓'大同异'**。"万物都有共性，都可用"物"这个概念来概括，这是"万物毕同"。同时，万物都各有自己的个性，都各有不同，这是"万物毕异"。惠施把这两种极端的同异叫作"大同异"。

除这两种极端的同异之外，大类（大同，如牛马同为"四足类"）和小类（小同，如黄牛、黑牛同为"牛"类）的同异，惠施叫作"小同异"，这是一般属、种概念的同异。这是今人的逻辑常识，不是诡辩。

（6）"**南方无穷而有穷**。"世界是无穷大的，从各个方面说都是无穷的。但无穷是通过无数的有穷表现出来的。南方既是无穷的,又是有穷的。这不是诡辩,是真理。

(7)"**今日适越而昔来。**"意思是:"今日动身到越国去,可是昨天就来到了。"要是一个人这样说,大家会认为是思维表达的混乱,是胡说八道。但是,这种说法,包含着自然科学的合理猜想和概念辩证转化的道理,是属于"似非而是"的"佯谬"或"悖论"。《周髀算经》说:"日在东极,东方日中,西方夜半。"从地球是圆形和存在时差的角度说,今昔概念有相对性,可以转化。所以这个论点在一定解释下不是诡辩。

(8)"**连环可解也。**"互相套连的每一个圆环本来是不能解开的,但如果把"解"字从别的意义上加以解释,如"可解体"、"可计算"和"可活动自如"等,也可以说"连环可解",这是利用概念的歧义进行诡辩。

(9)"**我知天下之中央,燕之北、越之南是也。**"惠施一反当时中国人的常识,认为"天下之中央"是个相对可变的概念。燕国的北边,越国的南边,都可以是"天下之中央"。几何学上一个圆的圆心,可以是另一个圆圆周上的点。反之亦然。这是"中央"和"非中央"概念的转化。

(10)"**泛爱万物,天地一体也。**"孔子讲"泛爱"、"博爱",只是爱人中的一部分,即士以上的贵族。墨子讲"兼爱",是要求普遍、平等地爱一切人,包括奴隶、仆人。《墨经》说，爱臧获是爱人，臧获即奴隶。惠施讲广泛地爱好万物，把研究兴趣投向自然界，深入地思考宇宙哲理。惠施天地一体的观念，是把宇宙看作一个整体。

整体论的观点，是惠施观察万物的基本方法。惠施从宇宙整体无限大的观点出发，认为一切局部的高低、正斜、生死、同异、今昔、中旁等差别，都成为相对的、可变的、流动的，只有宇宙这一整体是永恒的、无穷的。而永恒即存在于无数的非永恒之中，无穷即存在于无数的有穷之中。这是惠施"奇词怪说"中所反映的整体和局部辩证关系的智慧。

辩者的诡辩

与惠施同时的辩者提出二十一个论题，同惠施辩论。其中有的论题，如"卵有毛"，据荀子说在春秋末邓析时已有。有些论题是诡辩，有些论题是以"奇词怪说"的形式曲折地表达真理，包含深刻的智慧。

（1）"**卵有毛**。"鸟卵本无毛，孵化为鸟类成体后才有毛。鸟卵包含有孵化为有毛的成体的可能性，但可能性不等于现实性。"卵有毛"是混淆可能性和现实性的诡辩。

（2）"**鸡三足**。""鸡三足"是混淆集合和元素的诡辩。《公孙龙子·通变论》论证说："谓鸡足，一。数足，二。

二而一，故三。"即数"鸡足"的集合，是一个。数"鸡足"集合的元素，包含左足、右足两个。把一个集合和两个元素加起来是三个，于是就说"鸡三足"。集合和元素是两个不同层次的问题，不同类不能相加。这一诡辩违反常识和事实。

（3）"郢有天下。"这是颠倒部分和整体关系的诡辩。整体包含部分，部分被整体包含。因此，只能说天下有郢，不能说"郢有天下"。而辩者从某种意义上（如楚国称王）说"郢有天下"，即部分领有整体。这个论点虽然违反常识，但引入整体和部分的关系，对这个问题做深层次的思考，所以也颇有韵味。如在当今全球化、互联网时代，一个大都会瞬间可以汇聚全世界的信息，并反馈到全世界，在这个意义上，说"北京有世界"，也未尝不可。

（4）"犬可以为羊。"这个论点，发现初命名时名称的相对性。概念反映事物的本质属性，与事物有必然的对应关系。概念的内涵和外延是确定的，对全人类都是一致的，不是因人而异的。语词表达概念，概念表达为语词。而语词是因人而异的。语词与事物，并没有必然的对应关系。语词在最初约定时，带有人为性、随意性，如果最初约定犬叫作羊，而且大家都习惯了，那么犬也就叫作羊了。辩者抓住这一侧面，诡辩说"犬可以为羊"，是用一个方面（语词的任意性）来搅乱另一方面（概念的确定性）。

（5）"马有卵。"古代奇人有可能产生奇怪的猜想、想象和联想，从中透露些许科学的萌芽、因素和智慧的闪光。马是胎生动物，不是卵生动物。但马作为胎生动物，是由卵生动物等低等动物进化来的。高等动物无论从种群或个体来说，都会重现低等动物的某些征兆。如马这种胎生动物，其胎儿也曾经历卵子的阶段，虽不是卵生动物，却重复了卵生动物的某些征兆。在这个意义上说"马有卵"，猜测到某些部分的真理，而不是纯粹的诡辩。

（6）"丁子有尾。"唐代注释家成玄英《庄子疏》说："楚人呼虾蟆为丁子也。"无尾的青蛙，由有尾的蝌蚪发育而来。蛙是蝌蚪的成年期，蝌蚪是蛙的幼年期。在这个意义上可以诡辩说"青蛙有尾"。从语言表达的时态说，这是把过去时混淆为现在时的诡辩。但这个诡辩也歪曲利用了片面的根据和道理。

（7）"火不热。"这是把热归结为人的主观感觉，而抹杀火本身热的性质。以人的主观感觉代替客观存在的事实，是主观唯心主义哲学家惯用的诡辩手法。

（8）"山出口。"有人解释这一论点，是从山有回声而得出的。如汉代注释家司马彪说："呼于一山，一山皆应。一山之声入于耳，形与声并行，是山犹有口也。"宋代注释家林希逸《庄子口义》卷十说："空谷传声，人呼而能应，非山有口乎？"也有人解释这一论点的意思，是说

"山"的名称是人叫出来的。如唐代注释家成玄英《庄子疏》说:"山本无名,'山'名出自人口。"这一命题,是假借某些自然现象或语言现象故作惊人之词。

(9)"轮不蹍地。"这是用机械运动矛盾本性的一个侧面(连续性),来否认其另一侧面(间断性)而得出的诡辩。

(10)"目不见。"这是混淆见物条件(光线)和见物器官(眼睛)的不同作用得出的诡辩。它是错误运用类比推理而得出的。《公孙龙子·坚白论》所保留的论证是:"以目、以火见,而火不见,则火与目不见。"意思是:

见物用光线和眼睛。
而光线不能见物。
──────────
所以,眼睛也不能见物。

这里,前提是正确的,而结论是错误的,前提与结论之间并无必然联系,不能从"光线不能见物"推出"眼睛不能见物"。光线本来就不是见物的器官,只是见物的条件,而眼睛本是见物的器官。二者不同类,不能相比。

(11)"指不至,至不绝。""指"的一种意思,是用手指指着说。如《墨子·经说下》说:"指是霍(通鹤)也,是以实示人也。"意为指着一个动物说:"这是鹤。"这是把实体、实物摆出来给人看。《经下》说:"所知而弗能指,说在春也、逃臣、狗犬、遗者。"意为有些知识知道了,却不能用手指指着说,如女仆春得病死了、逃掉的臣仆、小孩子不晓得狗犬的语词定义、遗失了的宝物。

"指"的一种意思,是对事物的定义、判断。"指不至,至不绝"的意思是,不论用手指指着说,或者是对事物的定义、判断,都有局限性,都有其达不到的地方("指不至"),而认识到、达到的地方,就是认识到、达到了,永远不会断绝("至不绝")。《列子·仲尼》载公孙龙说:"有指不至。有物不尽。"清代王先谦《庄子集解》说:"有所指,则有所遗,故曰'指不至'。"都是说的这个意思。这是说任何认识形式都有相对性和绝对性,是相对性和绝对性的统一。这是认识的辩证法,不是诡辩。

(12)"龟长于蛇。"这个论点可能有两种解释:第一,用龟的寿命长于蛇(时间的长),来诡辩说龟的身体长于蛇(空间的长)。汉代注释家司马彪说:"蛇形虽长,而命不久。龟形虽短,而命甚长。"第二,用大龟长于小蛇的个别情况,来诡辩说在一般的情况下龟长于蛇。如果这样来解释,就成了荀子说的"用实以乱名"的诡辩。

(13)"矩不方,规不可以为圆。"这是用制作具体方形、圆形的不准确性,来抹杀方、圆概念的确定性的诡辩。《墨子·经上》对圆、方下定义说:"圆,一中同长也。方,柱、隅四权也。"《经说上》又指出用圆规和矩尺制作圆形、方形的方法:"圆,规写交也。方,矩写交也。"反映了工匠和古代科学家的观点,他们不会同意辩者"矩不方,规不可以为圆"的诡辩。

(14)"凿不围枘。"这是用凿(孔)和枘(孔内之木)的误差,来抹杀凿围枘的事实。《周礼·考工记》说:"调其凿枘而合之。"即在木器制作和建筑中,调整凿枘的大小,而使之密切配合。这是工匠的观点,他们不会同意辩者"凿不围枘"的诡辩。

历史上还有一些解释。汉代注释家司马彪说:"凿枘异质,合为一形,凿积于枘,则凿枘异围,凿枘异围,是不相围也。"唐代注释家陆德明《经典释文》解释说:"凿者,孔也。枘者,内孔中之木也。然枘入凿中,本穿空处,不关涉,故不能围,此犹连环可解义也。"宋代注释家林希逸《庄子口义》卷十解释说:"枘虽在凿之中,而枘之旋转,非凿可止,则谓之不围亦可。言围之不住也。"清代宣颖说:"枘自入之耳,凿未尝围之。"这些解释都是可能、合理的猜测。

(15)"飞鸟之影未尝动也。"这一论点的意思是:飞鸟的影子,从来就没有动过。其诡辩的手法,与"轮不蹍地"相反,是走向另一极端,用运动的间断性来抹杀其连续性。但这一论点在光学上有一定根据,可以不看作诡辩。

《墨子·经下》说:"影不徙,说在改为。"又《经说下》解释说:"光至影亡,若在,尽古息。"即认为影子是不移动的。论证这一点的理由在于,影子移动的假象,是光源和物体相对位置改变的结果。光线照到了,影子就没了,如果光线照到了,影子还在,那么世界上就会存在着千古遗存的影子,而这是不可能的(归谬法证明)。墨家给辩者的看似诡辩的命题做出了自然科学的论证。

《列子·仲尼篇》载公孙龙说:"影不移者,说在改也。"这是与上述辩者和墨家同样的观点和论证。人们引用这一论点来讲解辩证法。看电影时,银幕上的人是活动的,但是拿电影拷贝一看,每一小片都是不动的。《庄子·天下》说:"飞鸟之影未尝动也。"世界上有这样一个辩证法:又动又不动。动是绝对的,静是暂时的、有条件的。现代照相技术和录像技术的成熟,都是辩者这一命题天才猜测的证实。

(16)"镞矢之疾,而有不行不止之时。"意思是:飞行很快的箭,有既不飞行,又不停止的时刻。"既不飞行,又不停止",等于既停止,又飞行。用形式逻辑矛盾律来衡量,这似乎是自相矛盾的说法,但这不是一个形式逻辑的问题，而是符合辩证法的。箭的飞行属于机械运动，箭的飞行的轨迹，具有机械运动的矛盾本性，就是说每一时刻，箭既在一点（"不行"，停止），又不在一点（"不止"，飞行）。

"镞矢之疾，而有不行不止之时"的论点，截取箭飞行过程的一瞬间，断定在这一瞬间，具有既止（在一点）且行（不在一点）的矛盾二重性。辩者既会诡辩，又懂逻辑和科学。他们知道事物的复杂性和多样性，善于搜集各式各样的论据，来为不同的、甚至相反的论点做辩护。这是他们职业的需要。他们的论题，有夸大运动的连续性（"轮不蹍地"）和间断性（"飞鸟之影未尝动也"）的两种极端，也有对运动矛盾本性双方的全面把握（"镞矢之疾，而有不行之止之时"）。

（17）**"狗非犬。"** "狗非犬"的论点，是利用语言的歧义来进行诡辩。从名实关系说，狗和犬是"二名一实"，其内涵、外延相同。但仅从"名"即语词的角度说，狗、犬毕竟是"二名"，即两个语词。这是用语词的不同来否认事实的相同。墨家不同意这种诡辩。《墨子·经说下》说："所谓非同也，则异也。同则或谓之狗，其或谓之犬也。"《经下》说："知狗而自谓不知犬，过也，说在重。"又《经说下》说："智狗重智犬则过，不重则不过。"

（18）**"黄马骊牛三。"** "黄马骊牛三"的诡辩手法，同

"鸡三足"一样,是混淆集合和元素。这是把"黄马骊牛"的集合算作一个,而"黄马"和"骊牛"这两个元素算作两个,然后把集合和元素作为同类的东西机械相加,得到三个。中国古代语言结构简略,没有标点符号,不同的停顿、断句常会引起不同的理解,所以,"离章辨句"(分段分句)成为专门的学问。辩者故意利用这种现象来制造逻辑混乱,以显示其机智和辩才。

(19)"白狗黑。""白狗黑"的诡辩手法,是以偏概全、以局部代整体。白狗毛色白,从这个意义上不能说"白狗黑"。辩者强词夺理地诡辩说:"因为白狗之目瞎,可以说'白狗瞎',所以白狗之目黑,也可以说'白狗黑'。"这是利用不恰当的类比来进行狡辩。

(20)"孤驹未尝有母。"意思是:孤驹从来就没有母亲。这是借口孤驹现在无母,来诡辩说孤驹从来无母,把现在时态夸大为全时态。《列子·仲尼》载公孙龙说:"孤犊未尝有母,非孤犊也。"晋代注释家李颐说:"驹生有母,言孤则无母,孤称立,则母名去也。母尝为驹之母,故孤驹未尝有母也。"

宋代注释家林希逸《庄子口义》卷十说:"孤驹未尝有母,名之以孤,则非有母矣。"墨家不同意这种诡辩。《墨子·经下》说:"可无也,有之而不可去,说在尝然。"又《经说下》说:"已然则尝然,不可无也。"即可以说

"孤驹现在无母",但不能说"孤驹从来无母"。

(21)"一尺之长棰,日取其半,万世不竭。" 这个论点在当时是一个违反常识的诡辩,但由于其中可以引申出数学中极限的思想,并猜测到有穷中包含无穷的深邃哲理,所以常为今人所称道。从今天的眼光看,可以不把它算作诡辩,而看作古人的机智和理论思辨。

宋代洪迈在《容斋随笔·卷九尺棰取半》说:"《庄子》载惠子之语曰:'一尺之棰,日取其半,万世不竭。'虽为寓言,然此理固具。盖但取其半,正碎为微尘,余半犹存,虽至于无穷可也。"开今人正确理解之先河。

惠施及其当时的辩者进行诸如此类的诡辩,在当时社会引起很大轰动。这种辩论的历史作用,是以诡论的形式从反面刺激、推动了中国古代逻辑学和理论思维的发展。

七　望洋兴叹井蛙见
——庄子论整体

　　《庄子·秋水》有望洋兴叹和井蛙之见的寓言。说的是：到了秋天，大河小河的水都涨起来，流入黄河。黄河的河面，显得格外宽阔。站在岸的这边，望不见那边的牛马。黄河的神河伯，于是得意扬扬，自以为普天之下，最伟大的是自己。他由西向东来到北海，朝东一望，白茫茫一片，看不到尽头。相形之下，才觉得自己渺小。

　　他叹一口气，对北海之神海若说："俗话说得好，有了一点学问，就自以为老子天下第一。我就是这种浅薄的人。现在我看到你的伟大，才认识到自己知识浅薄。如果不遇到你，那就危险了，我将永远为懂得大道理（大方）的人所讥笑。"

　　北海若说："不能同井底之蛙谈海，因为它受到居住空间的限制。不能同夏天的小虫谈冰，因为它受到季节时间的限制。不能同只懂得部分道理的人（曲士）谈大道理（道），因为他们受到知识、教养的限制。现在你从河岸边来，看到了大海，知道自己的渺小，就可以同你谈论大道理（大理）了。"

这里，"曲士"即只懂得部分道理的人。"曲"指部分。"大方"、"大理"指整体的道理。方即道，大方即大道。一曲与大方相对而言，即指部分与整体。《庄子·秋水》借北海若之口说："天下之水，莫大于海。大海之水，广漠无边，这是积无数小江小河之流而成。但大海与更大的天地相比，也是微不足道的，就像小石、小木与大山相比一样。四海在天地之间，就像小蚁穴之在大泽。中原与世界相比，就像一粒小米在大仓之中。人类和人类活动的空间与天地万物相比，也就像一根细毛和一匹马的关系。"即从更大的整体的角度来观察，就不至于夸大部分的地位和作用。

这里运用整体和部分的范畴，生动形象地揭示了两种对立的思维方式的本体论和认识论根源。公孙龙是战国中后期名家的著名代表人物，他曾以"合同异，离坚白"的论题和论证"困百家之知，穷众口之辩"著名。

但在庄子看来，公孙龙子形而上学的机械论诡辩不足以认识整体的道理，犹如井蛙之见，只看到自己生活于其中的一块小天地，未见过大世面。又像以管窥天，不知天之宽阔高远；以锥指地，不知地之深厚广大。这里比较了整体和部分这两种观察问题的眼界和思维方式。

庄子（约前369—前286）是战国中期道家的著名代表人物。其逻辑智慧的集中表现之一，是从"望洋兴叹"和"井蛙之见"的寓言中悟出的整体论观点。《庄子·秋水》总结出一条思维规律："夫自细视大者不尽，自大视细者不明。"即从细节、部分看大处、整体，不容易看清大处、整体的面貌和性质。从大处、整体看细节、部分，不容易看清细节、部分的面貌和性质。把这两个角度的观察结合起来，才能既见部分，又见整体；既见树木，又见森林。

部分和整体范畴的发现及其在思维方法上的应用，是中国古代学者辩证思维的重要成果。强调观察的全面性、整体性，在全面、整体的观察中，又注意部分的特殊性，是后期墨家和荀子的主张。《庄子》用望洋兴叹和井蛙之见的寓言深刻、生动地说明两种对立的观察境界和思维水平。

庄子逻辑智慧的另一集中表现，是整体论思维的表达方式"正言若反"。"正言若反"的表达形式，是通过联结对立的概念，构成一个违反常识的悖论式的语句，用以表达事物对立统一的辩证关系。《老子》中"正言若反"的表达形式，在《庄子》中都有应用和发挥。唐陆德明《经典释文序录》说庄子"辞趣华深，正言若反"，以下例为证。

（1）"以众小不胜为大胜。"《庄子·秋水》说，风"蓬蓬然起于北海,而入于南海",用手指挡风,风不能折断指头,指却能胜于风。用脚踏风,风不能折断脚,脚却能胜于风。但风能折断大树,掀翻大屋,这是"以众小不胜为大胜"。"以众小不胜为大胜",表达了事物部分和整体的对立统一。从部分说,为"小不胜"。从整体上说,为"大胜"。"以众小不胜为大胜",是一个违反常识的悖论式的语句,但道家的一些人却极喜用这种形式来谈论事物对立统一的辩证性质。

(2)**"无为而无不为。"** "无为"却能"无不为",这是道家"正言若反"的一个典型事例。《庄子·则阳》篇说:"道不私,故无名。无名故无为,无为而无不为。"《至乐》论证说:"天无为以之清,地无为以之宁。故两无为相合,万物皆化。……故曰:天地无为也,而无不为也。"即天地在没有人为干预的情况下,按照其自然规律创生万物。

(3)**"至乐无乐,至誉无誉。"** 这两个语句,从形式上看,就包含矛盾。"最快乐"怎么又是"不快乐"?"最大的美誉",怎么又是"没有美誉"?但这种极端矛盾的概念,在一定意义下又有同一性,可以联结在一个判断里。

《至乐》说:"今俗之所为,与其所乐,吾又未知乐之果乐邪?果不乐邪?吾观夫俗之所乐,举群趣(通趋)者,胫胫然(趣死貌)如将不得已(贪求至死,不能止息），而皆曰乐者，吾未之乐也，亦未之不乐也。果有乐无有哉？吾以无为诚乐矣，又俗之所大苦也。故曰：'至乐无乐，至誉无誉。'""乐"和"不乐"，不同的人有不同的理解和标准。你认为"至乐"，换一个角度看，是"不乐"。你认为"至誉"，换一个角度看，为"无誉"。物极必反，乐极生悲。

这一类"正言若反"式的表达，在《庄子》中很多。这些"正言若反"式的表达，包含深刻的智慧和哲理。黑格尔在《小逻辑》中说："如果事物或行动到了极端总要转化到它的反面。这种辩证法在流行的谚语里，也得到多方面的承认。譬如在 Summumjus, Summa injuria（至公正即至不公正）一谚语里，意思是说抽象的公正如果坚持到它的极端，就会转化为不公正。同样，在政治生活里，人人都熟知，极端的无政府主义与极端的专制主义是可以相互转化的。在道德意识内，特别在个人修养方面，对于这种辩证法的认识表现在许多著名的谚语里：如'太骄则折'、'太锐则缺'等。即在感情方面、生理方面及心灵方面也有它们的辩证法。最熟知的例子，如极端的痛苦与极端的快乐，可以互相过渡。心情充满快乐，会喜得流出泪来。最深刻的忧愁常借一种苦笑以显示出来。"

黑格尔提到的一些命题，同庄子的命题十分接近。可见中外的辩证论者有极其相似的见解。虽然庄子的时代同黑格尔的时代相距甚远，但正如古希腊学者的理论预示着后来的巨大发展一样，中国古代学者的贡献也为现代人的智慧提供了思想的资料和前提。

八 荒唐之言有奇趣
——庄子的机智

庄子的诡辩机智,在他与惠施的"濠梁之辩"中得到充分表现。一天,庄子与惠施这一对辩论的好搭档信步来到了护城河的桥上。庄子心情很好,开口对惠施说:"你看那些鱼儿,出游从容,这是鱼的快乐啊!"

惠施故意为难庄子说:"你不是鱼,安知鱼之乐(怎么知道鱼的快乐)?"庄子不示弱,接过惠施的前提反驳惠施:"你不是我,怎么知道我不知道鱼的快乐?"惠施接过庄子的前提反驳庄子:"我不是你,所以不知道你。你也不是鱼,所以你不知道鱼的快乐已经证明了!"

庄子一时不知说什么才好,不得已转移论题诡辩说:"现在让我们回到辩论的开始,你说我'安知鱼之乐',既然已经知道我知道鱼的快乐,还故意问我,我可以回答你:我是在护城河的桥上知道的!"

惠施问庄子的问题"安知鱼之乐",意思是"你怎么知道鱼的快乐",即问的是庄子"知鱼之乐"的方式,庄子先用断章取义的诡辩，只抓住惠施问话中的一个"知"字，把惠施的问题"安知鱼之乐"歪曲成惠施已经承认庄子"知鱼之乐"，后来庄子又故意利用古汉语"安"字的歧义，把惠施的问题"安知鱼之乐"歪曲成问庄子"知鱼之乐"的地点（即哪里知道），所以回答说是在护城河的桥梁上知道的。古汉语"安"字，可以作为疑问副词或形容词，即问方式，如何、怎么样。也可以作为疑问代名词，即问何处，代处所。庄子在这两种意义中进行诡辩。

从辩论手法看，庄子和惠施的水平不相上下。他们都很善于利用归谬法的反驳方法（即《墨子·小取》概括的"援"和"推"的方式），反驳对方。在辩论的内容上，互有对错。所以，整个辩论的结果，未分胜负，二人平分秋色，都充分展示了杰出的辩才。

庄子既有杰出的辩证智慧，又有超级的诡辩技巧。庄子后学的作品《天下》，说庄子喜欢发表"荒唐之言"，滑稽诡诈，而引人入胜。分析庄子的诡辩，究竟"诡"在何处？"辩"在何方？可以领略庄子奇异的智慧和杰出的辩才，从而加深对逻辑知识的理解。《齐物论》是庄子诡辩的代表作，其中汇集了庄子许多超级的奇词怪说：

1.物无非彼，物无非是。自彼则不见，自知则知之。故曰：彼出于是，是亦因彼。彼是方生之说也。

虽然，方生方死，方死方生。方可方不可，方不可方可。因是因非，因非因是。是以圣人不由，而照之于天，亦因是也。是亦彼也，彼亦是也。彼亦一是非，此亦一是非。果且有彼是乎哉？果且无彼是乎哉？彼是莫得其偶，谓之道枢。枢始得其环中，以应无穷。是亦一无穷，非亦一无穷也。故曰：莫若以明。

2. 可乎可，不可乎不可。道行之而成，物谓之而然。恶乎然？然于然。恶乎不然？不然于不然。物固有所然，物固有所可。无物不然，无物不可。故为是举莛与楹，厉与西施，恢恑憰怪，道通为一。其分也，成也。其成也，毁也。凡物无成与毁，复通为一。

3. 何谓"朝三"？狙公赋芧，曰："朝三而暮四。"众狙皆怒。曰："然则朝四而暮三。"众狙皆悦。名实未亏，而喜怒为用，亦因是也。是以圣人和之以是非，而休乎天钧，是之谓两行。

4. 今且有言于此，不知其与是类乎？其与是不类乎？类与不类，相与为类，则与彼无以异矣。虽然，请尝言之。有始也者，有未始有始也者，有未始有夫未始有始也者。有有也者，有无也者，有未始有无也者，有未始有夫未始有无也者。俄而有无矣，而未知有无之果孰有孰无也。今我则已有谓矣，而未知吾所谓之其果有谓乎？其果无谓乎？天下莫大于秋毫之末，而泰山为小。莫寿于殇子，而彭祖为夭。天地与我并生，而万物与我为一。既已为一矣，且得有言乎？既已谓之一矣，且得无言乎？一与言为二，二与一为三。自此以往，巧历不能得，而况其凡乎！

5.既使我与若辩矣，若胜我，我不若胜，若果是也？我果非也邪？我胜若，若不吾胜，我果是也？尔果非也邪？其或是也？其或非也邪？其俱是也？其俱非也邪？我与若不能相知也，则人固受其黮暗。吾谁使正之？使同乎若者正之？既与若同矣，恶能正之！使同乎我者正之？既同乎我矣，恶能正之！使异乎我与若者正之？既异乎我与若矣，恶能正之！使同乎我与若者正之？既同乎我与若矣，恶能正之！然则我与若与人，俱不能相知也，而待彼也邪？化声之相待，若其不相待。和之以天倪，因之以曼衍，所以穷年也。"何谓和之以天倪？"曰："是不是，然不然。是若果是也，则是之异乎不是也亦无辩。然若果然也，则然之异乎不然也亦无辩。"

从庄子的上述诡辩来看，其手法是对概念灵活性的主观运用。他认为，站在不同的角度，可以把彼说成此，把此说成彼，区别彼、此没有意义。彼可以既是又非，此也可以既是又非，是、非的区别也没有意义。事物的性质、状态（然）和人的断定（可）都是主观随意的。小草棍和大屋柱，丑八怪与美西施，各种稀奇古怪的事物，都可以看成一回事。事物的破坏就是形成，形成就是破坏，所有事物都无所谓形成和破坏。养猴子的老头儿，把栗子分给猴子，说"早上给三升，晚上给四升"，猴子就发怒。说"早上给四升，晚上给三升"，猴子就高兴。计较彼此、是非的区别的人，就像那些被戏弄的猴子一样愚蠢。能够超脱彼此、是非的区别，坚持"两行"（两可）的观点，就能成为"圣人"。

在庄子看来，人们日常说得出来的区别，如类和不类，始和未始，有和无，大和小，长寿和夭折，言和不言，辩和不辩，都没有意义。类概念是正确进行逻辑推理的基础，对此，中国逻辑家提出"辞以类行"的原则。

庄子的诡辩，以类和不类区分的相对性，来否认类和不类的区别。事物从某一方面说有共同的性质，就说它们是一类，如牛、羊同为"哺乳类"。从某一方面说没有共同的性质，就说它们不是一类，如牛为胎生、哺乳动物，鸡为卵生、有羽，二者"不类"。但若从另一角度看，牛、羊、鸡同为"动物"，又归入一类。

庄子把这种类区分的相对性无限夸大，无原则地说"类与不类，相与为类"，即类和不类，在任何情况下都可看作同类。由这种类和不类的混同论出发，庄子否认任一"彼"和"此"的差别。

庄子用绕口令式的诡辩词句否认"始"(开始)和"未始"(没有开始),以及有和无的区别。庄子的诡辩,违反事实、常识和科学知识。区分开始和没有开始、有和无,是一切认识和科学研究的起点。

庄子说,天下最大的东西是秋天鸟兽羽毛的末端;而巍峨雄伟的泰山却可以说是最小的。天下最长寿的是夭折了的孩子;而传说活了八百岁的彭祖,却可以说是夭折了。这是用大和小、夭折和长寿的相对性,来否认它们之间的区别。"秋毫之末"与微观世界的分子、原子比,是大,却不能说是天下最大。泰山同整个宇宙比,是小,却不能跟"秋毫之末"比小。夭折的孩子与更短命者比,算是长寿,却不能说是天下最长寿者。彭祖跟更长寿者(如庄子说有上千岁的灵龟和数千岁的神树)比,可以说是夭折,但跟短命的孩子比,却不能说是夭折。

庄子在混同始和未始、有和无、大和小等区别的基础上,进而怀疑言(谓)和无言(无谓)、辩和无辩的区别。即说等于没说,辩等于不辩。但庄子本人并没有因此而不说、不辩。他是用他自认的大道理(超越一切区别、对立的道理)来大说特说,大辩特辩。他用辩论没有主观标准(辩论双方,以及任一位第三者,都不能作为评判是非的标准)来否认真理的客观内容、客观标准和辩论对于探求真理的作用。这就等于堵塞探求真理的道路，而听任像庄子这样的诡辩流行。

庄子的诡辩，对客观真理的探求是一种消极的力量。但是，庄子的诡辩从反面刺激了中国古代逻辑学的诞生。后期墨家，即《墨经》的逻辑，就是在清理庄子和名家（辩者）所有诡辩的基础上产生的。庄子诡辩论的社会文化作用和价值，是庄子在进行诡辩时未必能料到的。诸子百家的逻辑智慧都是在与谬误、诡辩的对立、渗透中成长壮大的。

九 从"卵有毛"到"轮不蹍地"
——本体论的辩论

"卵有毛":混淆可能性和现实性的诡辩

据《庄子》和《荀子》记载,邓析、惠施和其他辩者喜欢辩论"卵有毛"的论题。《荀子·非十二子》篇记载,邓析、惠施"好治怪说,玩奇辞",即喜欢提出一些奇异的论题,进行怪诞的论证。在辩论中"其持之有故,其言之成理,足以欺惑愚众",即坚持这些诡辩论题,能提出一些理由,论证这些论题能有条有理、头头是道,欺骗迷惑了许多人。

《荀子·不苟》说:"卵有毛,是说之难持也,而惠施、邓析能之。"即像"卵有毛"之类的论题,是很难成立的,而惠施、邓析却有能力将其论证得似乎可以成立。《庄子·天下》列举"辩者"与惠施津津有味辩论的二十一个论题中,第一个就是"卵有毛"。邓析、惠施和其他辩者究竟怎样论证这些论题，也就是其论证的过程，多半已经失传了。我们现在只能从当时学派的论争、其他学派的批评和后人的研究中来窥见其端倪。

晋代经典注释家司马彪说："胎卵之生，必有毛羽。""毛气成毛，羽气成羽。虽胎卵未生，而毛羽之性已著矣。故曰'卵有毛'也。"这是从卵有变毛的可能性，而说"卵有毛"的现实性。"卵有毛"是故意混淆可能性和现实性所导致的诡辩。

可能性是某种事物现象出现之前所潜藏的发展趋势。反映事物可能性的命题形式是或然命题（可能命题）。现实性是可能性的实现，是存在着的事实。反映事物现实性的命题形式是实然命题（断定存在着的事实）。二者不容混淆。

《墨经》针对这类诡辩，仔细区分可能性和现实性这两种不同的存在状态，以及反映这两种状态的不同命题形式。《墨子·小取》说："且入井，非入井也。""且出门，非出门也。""且夭，非夭也。""且"表示将要。

《经说上》说："自前曰且。"即在一种事实发生之前，断定它有可能发生时用"且"。从命题类型上说，这种意义下的"且"，表示可能（或然）。"甲将要入井"，是一个可能命题，或然命题，反映某种现象出现的可能性。用符号表示，是"可能P"。而"甲入井"，是实然判断，反映现实性。用符号表示，是"P"。由于客观存在的可能性不等于现实性，所以，"甲可能入井"不等于"甲入井"，"甲可能出门"不等于"甲出门"，"甲可能夭折"不等于"甲夭折"。同理，卵有变毛的可能性，不等于卵有毛的现实性，即"卵可能有毛"，不等于"卵有毛"。

诡辩是随着辩论的产生而产生的，是辩论的伴生现象。在中国古代，当辩论之风开始兴起的时候，就产生了诡辩现象。古代诡辩与古代辩论相终始，只要辩论存在，诡辩的产生就是不可避免的，犹如人类认识存在谬误是难免的一样。

诡辩的"诡"字，有欺诈和违反两种基本的意思。所以，诡辩也就有欺骗狡诈的辩论，以及违反事实与真理的辩论。用逻辑术语说，诡辩是用虚假的论据或错误的论证方式为错误的论题做辩护。

黑格尔说："诡辩这个词通常意味着以任意的方式，凭借虚假的根据，或者将一个真的道理否定了，弄得动摇了，或者将一个虚假的道理弄得非常动听，好像真的一样。"黑格尔这段话揭示了诡辩的三个要素。

（1）凭借虚假的根据：论据虚假。

（2）使用任意的方式：论证方式错误。

（3）弄真成假，或弄假成真；即颠倒是非，混淆黑白；为假论题作论证：论题错误。

诡辩还有一个特点，即有欺骗性。它要尽可能地用迷人的外表伪装自己，以图一逞。从性质上说，诡辩是谬误的一种。诡辩有时也可能运用逻辑伪装自己，迷惑别人。但从总体上说，诡辩又是违反逻辑的。诡辩论者通常要故意利用或违反逻辑，所以不能简单地斥责诡辩论者不懂逻辑。毋宁说他们既懂得逻辑，又需要故意违反逻辑。古希腊和古中国的诡辩家都是这样。

诡辩论者也并不简单地是一些蠢人。从某种意义上说，诡辩论者倒是一些机智巧慧的聪明人。在希腊文中，"诡辩"（$\sigma o \phi \iota \sigma \tau \varepsilon \iota \alpha$）一词，是由"智慧"（$\sigma o \phi \iota \alpha$）一词转化而来的。"诡辩家"和"智者"（智慧的人）在英文中是同一个词（sophist）。中国近代翻译的西方哲学和逻辑学著作中，"诡辩家"又译为"智者"。

黑格尔说，古希腊的诡辩论者自称为智者，"乃是能够使人智慧的智慧教师"。他们教授辩论术、演说术和其他文化科学知识。"智者们传播了这种教养。他们是一个特殊的社会阶层，以教育为职业，接受报酬，代行学校的任务。"

中国古代最早出现的诡辩论者邓析等人，也是这样的一批智慧的教师。诡辩一词，最早见于《淮南子·齐俗训》。其中说："诋文者处烦挠以为慧，争为诡辩，久稽而不决。"认为诡辩家是为了显示自己的智慧，而用烦琐曲折的词句进行无休止的争辩。

在中国古代，辩论盛行，其中也包括激烈的诡辩和反诡辩的论争。一般来说，名家（辩者）和庄子较多主诡辩，而墨、儒等家，较多反诡辩。中国古代名家（辩者）与古希腊的智者（或译诡辩家）相似。他们作为传授辩论术和其他知识的教师，为了适应当时社会的要求，需要训练出一批能说会道、能言善辩的职业辩者（辩论家），以受雇于王侯贵族的府第，替人做参谋、智囊或说客。

这个学派中的杰出代表人物如公孙龙等人，可以说是逻辑与诡辩兼通，各随所用之宜。如果雇主需要他们讲逻辑，他们能讲得呱呱叫。现存《公孙龙子》中的有些论文（如《名实论》），就是杰出的逻辑名篇。如果雇主需要他们施诡辩，他们也能诡辩出个样儿来。现存《公孙龙子》中的有些论文（如《白马论》）就是这种诡辩论的结晶。

为了教授门徒，使辩者的事业能够代代相传，他们挖空心思、别出心裁地炮制出一系列典型的诡辩练习题，以供门徒反复练习之用。这些练习题涉及的范围很广，包括自然、社会和人类思维语言现象等各方面。这些诡辩的练习题，并不是简单的胡说八道，而是在某种程度上"持之有故"、"言之成理"（荀子语）。

就是说，他们的"辩"论，也"诡"出了个样儿来。所以这些诡辩的习题也有开发智力、启迪思考和训练辩论技能技巧的作用，以致到今天还使人感兴趣。其中还有不少当时被认为是诡辩的练习题,在今天看来已经不是诡辩,并且被证明为是杰出的辩证思维范例,或科学思维的萌芽,如"飞鸟之影未尝动也"、"镞矢之疾而有不行不止之时"和"一尺之棰,日取其半,万世不竭"等。

早在吕不韦编《吕氏春秋》的时代(公元前3世纪),就可以看出辩者的著名辩论有多方面的理由("多故"),主张对之加以仔细分析("熟论"),以帮助培养人们的思维能力,训练辩论的技巧。

《吕氏春秋·听言》说:"凡人亦必有所习其心(培养思维能力),然后能听说(听别人说话不上当)。不习其心,习之于学问。不学而能听说者,古今无有也。"下文接着就要求学习辩者的一些著名辩论。我们今天分析古代诡辩和反诡辩的实例,也的确能收到培养逻辑思维能力与训练辩论的技能和技巧的功效。讲演辩论是运用各种科学知识于说话过程中的综合艺术。在今天,当讲演辩论的热潮在我国方兴未艾之时,注意并提高识别诡辩的能力,有其现实的意义。

"郢有天下":颠倒部分和整体关系的诡辩

《庄子·天下》引辩者与惠施辩论的论题,有"郢有天下"一项。这是辩者颠倒部分和整体关系所带来的诡辩。从空间或地理关系说，郢是楚国的都城，是楚国的一部分，而楚是天下的一部分，所以郢自然也是天下的一部分。从这个意义上，只能说"天下有郢"，而不能说"郢有天下"。扩展来说，是整体包含着部分，而不是部分包含着整体。而这正是《墨经》的观点。《墨经》中说：

《经上》："体，分于兼也。"
《经说上》："若二之一，尺之端也。"
《经说下》："一、二不相盈。"
《经说上》："尺与端（相盈）或尽或不尽。"
《经下》："荆之大，其沈浅也，说在有。"
《经说下》："沈，荆之有也。则沈浅非荆浅也。若易五之一。"

这里，"体"是指部分，"兼"是指整体。部分是从整体中分出来的，而不能说整体是从部分中分出来的。二和一、直线和点的关系，就是整体和部分关系的例子。一和二，显然不是重合的。直线与点相重叠，从点这一方面来说是被全部覆盖了，而从直线这一方面来说，并没有被全部覆盖。就拿楚国和楚国的一个县即沈县的关系来说，也是一样。楚国是一个大国，而它的一个县，如沈县，是范围更小的。二者的关系是整体和部分的关系。我们只能说荆（楚国别名）有沈（沈县），而不能说沈有荆。沈县是楚国的一部分。

作为部分和整体关系的一个例子，沈县和楚国的关系是不能颠倒的，它们的相对性质也是不能互换的。譬如就"有"来说，能说"楚国有沈县"，不能说"沈县有楚国"。就"大小"来说，不能由楚国大推出沈县大，也不能由沈县小推出楚国小。若因沈县小而说楚国小，那就相当于用一元钱去交换五元钱，这是荒谬的。按照同样的逻辑，郢和天下的关系，也是部分和整体的关系。当然，只能说"天下有郢"，不能说"郢有天下"。《墨经》的逻辑与辩者的诡辩是对立的。

"轮不蹍地"：以运动连续性抹杀运动间断性的诡辩

《庄子·天下》载辩者与惠施辩论的论题，有"轮不蹍地"。唐代注释家成玄英说："夫车之运动，轮转不停。前迹已过，后涂未至。除却前后，更无蹍时。是以轮虽运行，竟不蹍于地也。"

运行着的车轮，作为机械运动的一个事例，它在同一时间既在一点，又不在一点，即是间断性和连续性的统一。从运动的"在一点"即间断性说，轮蹍地。而从运动的"不在一点"即连续性说,轮不蹍地。轮在行进过程中,既蹍地,又不蹍地,这是符合实际的全面的说法。

辩者发现了机械运动的这个矛盾,但是他们故意抓住矛盾的一个侧面,而丢掉另一个侧面,以运动的连续性抹杀运动的间断性。这就像成玄英说的,"除却前后",即除掉车轮前后"蹍地"的一面,当然剩下的就只是"不蹍地"的一面了。这说明"轮不蹍地"的诡辩论题正是由"攻其一点,不及其余"的思维方法得出的。

在这个问题上,《墨经》的观点与辩者也是对立的。《经上》说:"环俱柢。"即行进中的圆环状的车轮,每一点都与地面相接触,也就是行进中的车轮的每一点都蹍地。《墨经》的观点与常识和科学是相一致的。

十 从"火不热"到"目不见"
——认识论的辩论

"火不热":以主观感觉代替客观事物性质的诡辩

《庄子·天下》列举辩者与惠施辩论的论题,有"火不热"。唐代注释家成玄英说:"譬杖加于体,而痛发于人。人痛杖不痛。亦犹火加体,而热发于人,人热火不热也。"又有人解释说:"犹金、木加于人,有楚痛。楚痛发于人,而金、木非楚痛也。"

这说明"火不热"的论题是由于混淆人的主观感觉和客观事物的性质,并以人的主观感觉代替客观事物性质所带来的诡辩。如果这个诡辩能够成立,则物体的温度、颜色和硬度等各种性质就都可以归结为人的感觉,客观事物成了人的感觉的复合。这是主观唯心主义哲学家惯用的诡辩手法。列宁所批判的近代马赫主义和经验批判主义哲学家就是如此。

古希腊的诡辩家也有类似的诡辩。如普罗泰戈拉说："在一阵风吹来时,有些人冷,有些人不冷;因此对于这阵风,我们不能说它本身是冷的或是不冷的。"这也可以叫作"风不冷"的诡辩。《墨经》的观点,与辩者针锋相对:

《经下》:"'火热',说在视。"
《经说下》:"谓'火热'也,非以火之热我有。若视日。"

即火是热的,不能说火的热只是人的感觉。例如太阳,太阳本身发热,人才有热的感觉。《墨经》用典型分析式的归纳法驳斥了辩者的诡辩,捍卫了唯物主义的感觉论。

"目不见":混淆见物器官与见物条件的诡辩

《庄子·天下》载辩者与惠施辩论的论题中有"目不见"。对这一论题的诡辩论证,还保存在《公孙龙子·坚白论》。其中说:"且犹白以目、以火见,而火不见,则火与目不见。"即白是用眼睛,并且必须有光线才能看见,但光线不能见物,所以,光线与眼睛加在一起,也不能见物。

辩者的诡辩论证,犯了偷换概念和不当类比的错误。第一句话中,用眼睛见物,眼睛是见物的器官。而用光线见物,光线是见物的条件。眼睛和光线,对于见物起着不同的作用。第二句话中,光线不能见物,是指光线不是见物的器官。所以,结论中不能由光线不是见物的器官类比推出眼睛不是见物的器官。《墨经》反驳辩者说:"'以目见'而目见,'以火见'而火不见。"墨家将见物的器官与见物的条件,这两个概念做了清楚区分,理清了辩者的诡辩论证。

十一　黄公美女没人娶
——尹文的逻辑

齐国有位黄公，似乎心理上有毛病，谦虚得很特别。他的两个女儿，美丽过人，有倾国倾城之貌，而黄公却特意对外宣扬他两个女儿是丑八怪。"黄公女儿是丑八怪"的消息不胫而走，"丑"名远扬，等女儿成了大龄青年，遍齐国都没有人敢娶。

卫国有一位大半辈子没有找到老婆的鳏夫，豁出"丑"来把黄公的大女儿娶回家，一看，竟是倾国倾城之色。于是黄公的这位卫国新女婿悄悄对别人说："我老丈人黄公好谦虚，故意说女儿长得不漂亮，实际漂亮得很。我猜想她妹妹一定也长得很美。"这话一传开，人们争着要娶黄公的小女儿。一位幸运者娶来一看，果然美艳绝伦。齐国黄公把美丽的女儿叫丑八怪，误了女儿的青春，是由于名称的混乱。《尹文子·大道上》中讲了许多这类的道理：

大道无形，称器有名。名也者，正形者也。形正由名，则名不可差。故仲尼云："必也正名乎！名不正则言不顺也。"

大道不称，众有必名。生于不称，则群形自得其方圆。名生于方圆，则众名得其所称也。……

有形者必有名，有名者未必有形。形而不名，未必失其方圆白黑之实。名而无形，不可不寻名以检其差。故亦有名以检形，形以定名，名以定事，事以检名，察其所以然，则形名之与事物，无所隐其理矣。

名有三科，法有四呈。一曰命物之名，方圆白黑是也。二曰毁誉之名，善恶贵贱是也。三曰况谓之名，贤愚爱憎是也。一曰不变之法，君臣上下是也。二曰齐俗之法，能鄙同异是也。三曰治众之法，庆赏刑罚是也。四曰平准之法，律度权量是也。

大要在乎先正名分，使不相侵杂。

名者，名形者也。形者，应名者也。然形非名也，名非正形也，则形之与名，居然别矣。不可相乱，亦不可相无。无名，故大道不称。有名，故名以正形。今万物俱存，不以名正之则乱。万名俱列，不以形应之则乖。故形名者，不可不正也。善名命善，恶名命恶。故善有善名，恶有恶名。圣贤仁智，命善者也。顽嚣凶愚，命恶者也。今即圣贤仁智之名，以求圣贤仁智之实，未之或尽也。即顽嚣凶愚之名，以求顽嚚凶愚之实，亦未或尽也。使善恶尽然有分，虽未能尽物之实，犹不患其差也。故曰：名不可不辩也。

名称者，别彼此而检虚实者也。自古及今，莫不用此而得，用彼而失。失者由名分混，得者由名分察。今亲贤而疏不肖，赏善而罚恶。贤不肖善恶之名宜在彼，亲疏赏罚之称宜属我。我之与彼，又复一名，名之察者也。名贤不肖为亲疏，名善恶为赏罚。合彼我之一称而不别之，名之混者也。故曰：名称者不可不察也。

语曰"好牛"，不可不察也。"好"则物之通称，"牛"则物之定形。以通称随定形，不可穷极者也。设复言"好马"，则复连于"马"也。则"好"所通无方也。设复言"好人"，则彼属于"人"也。则"好"非"人"，"人"非"好"也。则"好牛"、"好马"、"好人"之名自离矣。故曰：名分不可相乱也。

五色、五声、五臭、五味，凡四类，自然存焉天地之间，而不期为人用，人必用之。终身各有好恶，而不能辨其名分。名宜属彼，分宜属我。我爱白而憎黑，韵商而舍徵，好膻而恶焦，嗜甘而逆苦。白黑、商徵、膻焦、甘苦，彼之名也。爱憎、舍韵、好恶、嗜逆，我之分也。定此名分，则万事不乱也。故人以度审长短，以量受多少，以衡平轻重，以律均清浊，以名稽虚实，以法定治乱，以简治烦惑，以易御险难。万事皆归于一，百度皆准于法。归一者，简之至。准法者，易之极。如此，则顽嚣聋瞽，可与察慧明同其治也。

世有因名以得实，亦有因名以失实。

宣王好射，悦人之谓己能用强也。其实所用弓不过三石，以示左右。左右皆引试之，中关而止，皆曰："不下九石，非大王孰能用是？"宣王悦之。然则宣王用不过三石，而终身自以为九石。三石，实也。九石，名也。宣王悦其名，而丧其实。

齐有黄公者，好谦卑。有二女，皆国色。以其美也，常谦词毁之，以为丑恶。丑恶之名远布，年过而一国无聘者。卫有鳏夫，时冒娶之，果国色。然后曰："黄公好谦，故毁其子。妹必美。"于是争礼之，亦国色也。国色，实也；丑恶，名也。此违名而得实矣。

楚人担山雉者，路人问："何鸟也？"担雉者欺之曰："凤凰也。"路人曰："我闻有凤凰，今始见之。汝贩之乎？"曰："然。"则十金，弗与。请加倍，乃与之。将欲献楚王。经宿而鸟死。路人不遑惜金，惟恨不得以献楚王。国人传之，咸以为真凤凰，贵欲以献之。遂闻楚王。王感其欲献于己，招而厚赐之，过于买鸟之金十倍。

魏田夫有耕于野者，得宝石径尺，弗知其玉也，以告邻人。邻人阴欲图之,谓之曰:"怪石也。畜之,弗利其家,弗如复之。"田父虽疑,犹录以归,置于庑下。其夜玉明,光照一室。田父称家大怖(全家人都很害怕),复以告邻人。邻人曰:"此怪之征,遄弃,殃可销。"(这是不吉利的征兆,赶快抛弃,灾难可以避免)于是遽而弃于远野。邻人无何,盗之以献魏王。魏王召玉工相之。玉工望之,再拜而立,曰:"敢贺王得此天下之宝,臣未尝见。"王问价。玉工曰:"此无价以当之。五城之都,仅可一观。"魏王赐献玉者千金,长食上大夫禄。

庄里丈人,字长子曰"盗",少子曰"殴"。"盗"出行,其父在后追之曰:"盗!盗!"吏闻,因缚之。其父呼"殴"喻吏,遽而声不转,但言:"殴!殴!"吏因殴之,几殪(几乎打死)。

康衢长者,字童曰:"善搏"(善于搏斗),字犬曰"善噬"(善于咬人)。宾客不过其门者三年。长者怪而问之,人以实对。于是改之,宾客复往。

郑人谓玉未理者为璞,周人谓鼠未腊者为璞。周人怀"璞"谓郑贾曰:"欲买'璞'乎?"郑贾曰:"欲之。"出其"璞"视之,乃鼠也,因谢不取。

古代逻辑家尹文(约前350—前270),从齐、楚、魏、郑等国民间搜集了大量类似的素材，深入地探索了语言的逻辑，特别是名称即词项的逻辑。据汉代注释家高诱说，尹文著有《名书》一篇。这里所谓《名书》，可能就是《汉书·艺文志》提到的《尹文子》。我们从流传至今的《尹文子》中选录的这部分文字，可能是尹文《名书》的内容。

在《汉书·艺文志》中，尹文是排在邓析后面的名家第二人。他生于齐国，曾在齐国的官方研究院稷下学宫讲学，常跟齐国国王辩论。尹文在辩论中，把齐王引入进退维谷、左右为难的困境，最后把他驳得哑口无言。尹文在跟齐王的辩论中之所以能够取胜，靠的是逻辑应用的纯熟和语言表达的技巧。他所运用的逻辑工具，主要是形式逻辑的矛盾律和归谬式的反驳方式。

尹文在辩论中，善于设置圈套，引人入彀，巧妙捕捉对方的矛盾，穷追不舍。辩者的素养、气质、风格于此发挥得淋漓尽致。这一点在《公孙龙子·迹府》和《吕氏春秋·正名》篇中都有生动描绘。尹文的逻辑研究集中于名称即词项方面，他在名称的实质、作用和种类等问题上提出了新见解。

齐宣王能拉开几石弓：论名称的实质

齐宣王是公元前319—前301年在位的齐国国君。他喜欢射箭，并且很愿意别人夸奖自己能用强弓。实际上他用的弓超不过三石（相当于拉动三百六十市斤的重量），而身边的人都骗他说这弓"不下九石"，并奉承他说："要不是大王您这么有劲儿，谁能拉得开这么强的弓？"齐宣王听了很得意，于是他终身都认为自己能拉开九石弓。这里"三石"是实际，"九石"是虚名。这是由于爱好虚名而不顾实际的事例。名不符实，正是认识上的错误和交际上的混乱共同导致的。

尹文认为实际是客观存在的，不以人的称谓为转移。实际比名称更根本，实际决定名称；名称是对实际的称谓，受实际制约。像齐宣王那样，终生受虚名的欺骗，而失去对实际的真知，是可悲的。

好客的老人，为什么没人敢走动：论名称的作用

有一位住在大道边的老汉，生性好客、爱交际。有一天，他突发奇想，把男仆叫"善搏"，于是人们以为他家里的男仆好打架。把看门狗叫"善噬"，于是人们以为他家的狗好咬人。三年中没有宾客进他家门。老人觉得异常寂寞，他很纳闷地问："为什么没有人跟我交往呢？"

别人如实告诉他，是由于惧怕他家的仆人打人和看门狗咬人。他觉悟到这是由于名称不当引起的误会，于是，赶紧将仆人和狗的名字改了。宾客解除了误会，跟他恢复了正常的交往。

尹文从这类事例总结出名称有分别彼此、表达虚实的认识作用。名称界限清楚，有助于行为成功。名称界限混乱，导致行为失败。这里表现出名称的能动性，即名称对实际的反作用。

好牛、好马和好人：论名称的种类

名家善于斟酌名词，尹文也不例外。善于斟酌名词，会减少思维表达的错误和混乱。尹文子从斟酌名词中钻研了名称的种类：一种名称叫"命物之名"，即称谓一般事物的名称，如方、圆、白、黑之类。这种名称在《荀子·正名》中叫作"散名"。另一些表示政治、伦理、心理的概念，尹文子叫作"毁誉"、"况谓"之名，如善、恶、贵、贱、贤、愚、爱、憎等。这些在《荀子·正名》中叫作刑名、爵名、文名。

尹文仔细分析了"好牛"、"好马"和"好人"的名称，从中发现概念的不同种类。好牛、好马、好人是种概念，它们都属于其上位概念"好的事物"（属概念）。另外，牛、马、人等是实体概念、具体概念，"好"是属性概念、抽象概念。不同的名词、概念有不同的用处，不能互相混淆。

尹文所谓正名，包括语词、意义、对象三者对应关系的一致，也包括名词种类各不相混。尹文子作为战国中期的著名辩者，其见解上承孔子、墨子、孟子，而又超出他们；下传公孙龙、荀子和吕不韦，给中国逻辑的殿堂添砖加瓦。

十二　诡辩家讲逻辑
——公孙龙的机智

公孙龙（前325—前250）是战国中后期最著名的诡辩家。"白马非马"的诡辩故事千古传名。公孙龙在与人辩论"白马非马"的诡辩论题时，应用了逻辑的矛盾律和归谬式的反驳方法，以加强辩论的逻辑力量。

《公孙龙子·迹府》和《孔丛子·公孙龙篇》记载，孔子六世孙孔穿（前312—前245）受众人委托，到赵国劝说公孙龙放弃"白马非马"的诡辩，公孙龙却利用矛盾律和归谬法大逞诡辩。《公孙龙子·迹府》记载，公孙龙和孔穿在赵国宰相平原君家的辩论：

穿曰："素闻先生高谊，愿为弟子久，但不取先生以白马为非马耳。请去此术，则穿请为弟子。"

龙曰："先生之言悖。龙之所以为名者，乃以白马之论尔。今使龙去之，则无以教焉。且欲师之者，以智与学不如也。今使龙去之，此先教而后师之也。

先教而后师之者，悖。且白马非马，乃仲尼之所取。龙闻楚王张繁弱之弓，载忘归之矢，以射蛟兕于云梦之圃，而丧其弓。左右请求之，王曰：'止，楚人遗弓，楚人得之，又何求乎？'仲尼闻之曰：'楚王仁义而未遂也。亦曰人亡弓，人得之而已，何必楚？'若此，仲尼异楚人与所谓人。夫是仲尼异楚人与所谓人，而非龙异白马于所谓马，悖。先生修儒术而非仲尼之所取，欲学而使龙去所教，则虽百龙，固不能当前矣。"

孔穿无以应焉。

公孙龙分析孔穿思想中的自相矛盾，连说三个"悖"字，是应用矛盾律和归谬法来反驳孔穿。公孙龙之所以能把孔穿驳得"无以应"（哑口无言，回答不出话来），正是公孙龙所利用的矛盾律和归谬法的逻辑力量。

公孙龙年轻时就显露出诡辩的才能，战国后期已成为最著名的诡辩家。《庄子·天下》论惠施和其他辩者说："公孙龙，辩者之徒，饰人之心，易人之意，能胜人之口，不能服人之心，辩者之尤也。"通过谈辩和著作活动，公孙龙成为战国后期诡辩论的集大成者。西汉扬雄《法言》说："公孙龙诡辞数万。"

纵观公孙龙的一生，不能说他只有诡辩一种才能。

他一生的主要活动，是做赵国宰相平原君（赵胜，约前309—前251）的门客（即参谋、谋士），历时约四十年。他曾为赵国宫廷出过许多主意，有许多谈辩的话语都是讲逻辑，而不是讲诡辩。因为有时光讲诡辩，并不能合理地解决现实的政治问题，而讲逻辑却能合理地解决现实的政治问题，这时作为谋士的公孙龙子就需要讲逻辑。中外杰出的诡辩家都是既会讲诡辩，又会讲逻辑的。何时讲诡辩，何时讲逻辑，因时、因事制宜，完全从需要出发。这是诡辩家机会主义、功利主义的特点。诡辩家就像游蛇，哪里需要往哪里滑。

《吕氏春秋·淫辞》记载战国时期的著名诡辩事例。其中一个事例是：有一次，秦国和赵国订立条约，条约规定："从今以后，秦国想干的事儿，赵国帮助；赵国想干的事儿，秦国帮助。"没过多久，秦国出兵攻打魏国。赵国与魏国乃兄弟之邦，想帮助魏国解秦兵之围，秦王恼怒，派人责备赵王说："我们两国曾订立条约，规定'秦国想干的事儿，赵国帮助'，现在秦国攻打魏国，而赵国却想帮助魏国解除秦兵的围困，这是违反条约规定的！"赵王慌了神，一时想不出对付的方法，于是通过平原君向公孙龙请教。这时公孙龙不是以诡辩家的身份出现，而是以逻辑学家的身份出现，运用逻辑的力量帮助赵王解决困惑。

公孙龙运用逻辑同一律、矛盾律和归谬法说:"我们也可以派使臣去责备秦王,就说:'我们曾经订立条约,规定赵国想干的事儿,秦国帮助,现在赵国想解救魏国,而秦王却偏偏不帮助赵国解救魏国,这是违反条约规定的!'"公孙龙在这里所用的逻辑,就是《墨经》所说的援推反驳法(援例证明,归谬式类比推理)和"有诸己不非诸人,无诸己不求诸人"的原则(相当于逻辑的同一律和矛盾律),而不是诡辩。吕不韦站在秦国立场编写的《吕氏春秋》,把公孙龙讲逻辑的故事算作诡辩,实际不是诡辩,而是讲逻辑。公孙龙此类讲逻辑的故事还有很多。

"诡辩家也能讲逻辑。"这话听起来似乎很奇怪,但实际上这样说是有事实和理论根据的。从理论上说,逻辑是一切正常思维和有效表达的工具。任何人要与别人交流,使自己的思想能被别人理解,都应该遵守逻辑规律,诡辩家也不例外。从事实上说,中国和外国的诡辩学派都既有诡辩思想,又有逻辑思想。例如古希腊诡辩学派(智者学派)对许多诡辩论题的论证都应用归谬法和二难推理。中国古代的诡辩家,也善于应用矛盾律和归谬式类比推理。《公孙龙子》中有一篇专讲逻辑的论文《名实论》:

> 天地与其所产焉,物也。物以物其所物而不过焉,实也。实以实其所实而不旷焉,位也。出其所

位，非位。位其所位焉，正也。以其所正，正其所不正。不以其所不正，疑其所正。其正者，正其所实也。正其所实者，正其名也。

其名正，则唯乎其彼此焉。谓彼而彼不唯乎彼，则彼谓不行。谓此而此不唯乎此，则此谓不行。其以当，不当也。不当而当，乱也。

故彼彼当乎彼，则唯乎彼，其谓行彼。此此当乎此，则唯乎此，其谓行此。其以当而当也。以当而当，正也。故彼彼止于彼，此此止于此，可。彼此而彼且此，此彼而此且彼，不可。

夫名，实谓也。知此之非此也，知此之不在此也，则不谓也。知彼之非彼也，知彼之不在彼也，则不谓也。

至矣哉，古之明王！审其名实，慎其所谓。至矣哉，古之明王！

如果加以正确解释，这是一篇逻辑论文，主旨是讲同一律和矛盾律：彼之名，专指彼之实。此之名，专指此之实。如牛名指牛，马名指马，不可混淆。这是同一律。彼、此之名，不能既指彼，又指此。如牛、马之名，不能既指牛，又指马。这是矛盾律。

如果这样解释，就跟后期墨家即《墨经》的观点一致。这是逻辑学的解释。要公孙龙讲逻辑，他也会讲得很好。从史书中所载公孙龙的事迹来看，他为当权者出谋划策时，主要是运用逻辑的工具。

正如一切理论都可以被歪曲解释和错误运用一样，本篇所讲的逻辑道理，也被公孙龙用来为他的诡辩论服务。他认为白马之名，只能专指白马之实。马之名，只能专指马之实，所以他说"白马非马"。同理可以推出：坚白石非坚、非白、非石。二之名指二之实，一之名指一之实，所以"二无一"（二非一）。这都是《名实论》中"彼是彼"、"此是此"、"彼此非彼"、"彼此非此"公式的错误运用。逻辑学本来可以为论证真理服务，也可以为论证诡辩服务。前者是逻辑的正确运用，后者是逻辑的歪曲运用。

在《公孙龙子》中，既有逻辑概念和逻辑规律的表述，也有歪曲利用逻辑概念和规律来为诡辩所做的论证。因为以公孙龙为代表的一批职业辩者，正是集逻辑学家与诡辩论者特点于一身的，他们是适应当时时代和社会需要而产生与存在的思想家。

十三　中国岂能无概念
——墨家的概念论

"中国人不能运用概念来思维吗？"这是近代德国哲学家黑格尔（1770—1831）提出的荒谬问题。黑格尔曾以歪曲的形式叙述唯心主义的概念辩证法。他的理论经过改造后成为马克思主义哲学的重要理论来源。这是黑格尔的贡献。但黑格尔不了解中国。他在《哲学史讲演录》第二卷《亚里士多德》部分说："中国人是笨拙到不能创造一个历法的，他们自己好像是不能运用概念来思维的。"黑格尔这种说法极其荒谬，既无道理，又违反事实。

从道理上说，人与动物的区别之一，就是人能运用概念来思维，而动物则不能。因为概念与语词这种第二信号系统相联系，是抽象的、理性的思维形式，这只有人才有，而动物则没有以语词为单位的第二信号系统（语言系统），只有与本能（如进食）相联系的第一信号系统。中国人是人类中的成员，自然"能运用概念来思维"。

从事实上说，中国人自古就有发达的物质和精神文明，有数千年的文明史，从古至今有与农业生产相适应的历法，有浩如烟海的思想文化典籍。同西方人一样，"能运用概念来思维"。仅就墨家逻辑而言，其中就有丰富的概念理论。墨家著作《墨经》，是"运用概念来思维"的典范。

广义的《墨经》，是《墨子》一书中《经上》、《经说上》、《经下》、《经说下》、《大取》和《小取》六篇的合称。狭义的《墨经》，只包括前四篇。

狭义的《墨经》四篇有特殊的写作体例和内容安排。《经》上下是简明的"经"体，内容经过反复研究斟酌，语句十分简洁精练。《经上》是逻辑学和各门科学的定义、分类和简单论题。其定义界定明确，分类条分缕析，至今不失其科学性。《经下》是较复杂的论题，内容涉及逻辑学和各门科学的定理、原理，其论题深刻精到，并以"说在"（即论证的理由在于）的字样，标举论证的理由。《经》上、下各条，少的只有几个字，多的也不过几十字。《经说》上下，分别解说《经》上下。这样的写作体例和内容交排，是为了适应当时教学的需要，便于门徒记忆和背诵。

狭义的《墨经》四篇，是墨家长期酝酿讨论，经过战国时期百家争鸣的砥砺、磨炼而形成的理论结晶。从其讨论的问题和思想的深度来看，其著作时间当在战国末期前，即公元前4世纪下半叶至前3世纪上半叶，约略相当于公孙龙和荀子活动的年代。现存《公孙龙子》和《荀子》中有与《墨经》相呼应的内容，如《公孙龙子·坚白论》和《名实论》中有与《墨经》相同或相似的文字，《荀子·正名》有与《墨经》讨论"杀盗非杀人"的文字。

狭义的《墨经》四篇的内容包括逻辑学和各门科学，是中国古代微型的百科全书。狭义《墨经》四篇是中国古代最重要的逻辑经典。本书用较多篇幅做最必要的叙述。这里论述《墨经》的逻辑内容，反映中国古代逻辑高峰时期的成就，是中国逻辑学的范本。

墨家逻辑的概念论，涉及名（即语词、概念）的性质、作用和种类等问题，《墨经》列举并解释了上百个科学范畴的定义和分类，在逻辑学的概念论上做出了重大贡献。

论名的性质和作用

关于名（语词、概念）的性质和作用，《小取》说："以名举实。"《经上》说："举，拟实也。言，出举也。"《经说上》解释说："举，告以之名举彼实也。言，故言也者，诸口能之，出名者也。名若画虎也。言，谓也。言由名致也。"即名（语词、概念）的实质，是举实、拟实，即列举和模拟实际事物。"以名举实",即用语词和概念来列举实物。"举"的定义是"模拟",即用一些模拟事物性质、状态的语句、短语或摹状词来反映事物。

如"墨家逻辑"的语词和概念用一组语句来列举和模拟:墨家(特别是后期墨家)创立的逻辑学说,代表作是《墨经》,是中国古代逻辑的高峰,是古代百家争鸣和科学认识的工具等。这就起到了"举实"、"拟实"的作用。"举实"、"拟实",表示语词(词项)的指谓、表意和认识功能。用语句来"举实"、"拟实",构成概念的内涵和外延。"之名"即"此名","以此名举彼实",意味着名与实是相对性。

在名(语词、概念)和言(语句)关系上,认为名对实的反映作用是通过一系列语句来实现的。从结构上说,语句是由名联结而成的。从认识作用上说,名对实的反映靠语句对事物的列举、指谓来实现。"言,谓也","言,出举也",就是这个意思。利用名(语词、概念)和言(语句)来认识事物、表达感情、开展交际和指导行动,这是人类特有的本能。例如人有"水"的概念,能说出"水有饮用、洗涤、灌溉、运输、灭火、发电等功能"的语句、命题。

名的作用是列举实际事物。列举就是模拟,即《小取》所谓"摹略"(反映、抽象、概括)。列举、模拟、摹略都是人的意识对外界事物的认识作用。列举、模拟、摹略实质上是概念、范畴的抽象、概括作用。这种抽象、概括作用，需要通过语言来实现，所以说："言，出举也。"表达概念、范畴的"名"（即语词），可以通过口说出来，所以说"告以之名"是"诸口能之"。用模拟来定义列举，以及拿图画来比喻概念范畴对事物的反映作用，表明墨家的概念论是建立在唯物主义反映论的基础上。

《大取》说："名，实名；实不必名。"即名称是实体的名称，而有实体，则不一定有名称。这都是科学的、唯物主义的观点。"告以之名举彼实"（告诉你这个名称来列举那个事实）和"言也者，诸口能之，出名者也"（语言是人们用口说出名称），表明了名称、语言的交际作用。"举，拟实也。言，出举也"和"言，谓也"等，表明了名称、语言的指谓作用。指谓与交际是语言的两大功能。墨家从事物、语言和意义（人的意识对事物列举、模拟、摹略的结果）三者关系上说明了名的性质和作用。而名称（语词、概念）是语言的构成元素（"言由名致"），所以逻辑学的研究从概念论开始。

《经说上》还说："声出口，俱有名。"这里"声"即指"言"，古人认为"言为心声"。这种说法接近于黑格尔所谓："当一个人说话时，在他的话里就有一个概念。"

这是他在《哲学史讲演录》第一卷中的说法。这说明人注定要跟语词、概念打交道,说明语词、概念运用的普遍性。《经说上》谈到这个问题时说:"若姓字丽。"即"名"、"言"与事物的关系,犹如有一个姓名,后面就跟着一个人(姓名附属于人)一样,同出而并存。

《墨经》讨论了名称的称谓作用。《经上》说:"谓:命、举、加。"《经说上》说:"谓犬'狗',命也。'狗,犬',举也。叱:'狗!'加也。"这里列举称谓的三种含义:命名、列举和附加感情因素。把犬叫作"狗",是命名。用"狗"名作主项构成命题,说"狗是犬",这是用名称列举事物。对着狗叱责说:"狗!"这是附加感情因素。

《墨经》还跟"指"相比较,进一步阐述"名"的抽象、概括作用。"指"这种认识形式,即用指头指着实际事物说,这相当于逻辑书中所讲的"实指定义"。如一个人不认识水牛,于是指着水牛对他说:"这就是水牛。"《经说下》说:"或以名示人,或以实示人。举友富商也,是以名示人也。指是鹤也,是以实示人也。"我的朋友某某不在眼前,于是我利用现成的概念说:"我的朋友某某是富商。"这是给"我的朋友某某"这一主项加上"富商"的谓项,是用一般概念来使人了解(以名示人)。指着面前的一种鸟说:"这是鹤。""名"是脱离个别事物的一般概念的认识,"指"是不脱离个别事物的感性直观。

《经下》说:"所知而弗能指,说在春也、逃臣、狗犬、遗者。"《经说下》解释说:"春也,其死固不可指也。逃臣,不知其处。狗犬,不知其名也。遗者,巧弗能两也。"即有些知识只能用概念表达,不能用手指着说。如名叫"春"的女仆因病死了,不在人间,无法指着说。逃亡的奴仆,不知他现在在哪里,无法指着说。一个人不知道狗、犬的名称,必须分别解释,仅用手指指着实物,区分不出这两个名称。遗失的东西不能指着说,即使能工巧匠也很难制造出与原物完全相同的事物。

《墨经》认为科学的概念、范畴是通过人们心智的抽象、概括作用而得到的。如《经下》说:"知而不以五路,说在久。"《经说下》说:"惟'以五路知久',不当'以目见'。若'以火见'。"即有些知识不是直接通过五种感官(眼耳鼻舌身)获得的,而是通过心智的抽象、概括作用获得的。五种感官所提供的经验,是形成抽象知识的条件。如"时间"概念就是通过概括作用获得的。五种感官的经验,是认识时间概念的条件,犹如光线是见物的条件,不是见物的器官。见物的器官是眼睛。所以说"以五路知久",不相当于"以目见"的"以"字,而相当于"以火见"的"以"字。意思是"五路"(五种感官)是认识时间概念的条件,心智是认识时间概念的器官。

《经上》对"久"(时间)的定义是"弥异时",即概括各种不同的具体时间，如"古、今、旦、暮"等。感官只能感知个别的时间，思维才能抽象出一切时间的共同性质（普遍本质），用语词"久"来加以概括，成为"时间"的哲学范畴。《墨经》中上百个各门科学的范畴，都是运用心智理性的概括而得出的。

论名的种类

达、类、私：范畴、普遍概念和单独概念。《墨经》对名的一种科学分类如下：

《经上》：名：达、类、私。

《经说上》：物，达也，有实必待之名也命之。马，类也，若实也者必以是名也命之。臧，私也，是名也止于是实也。声出口，俱有名，若姓字丽。

即"名"（语词、概念）从外延上分为三种：达名、类名和私名。达名是外延最大的普遍概念（最高类概念），相当于范畴。如"物"（物质）是一个哲学范畴，它同"实"（实体、实际事物）的范围一样大。凡是存在着（有即存在）的实体，都一定等待着"物"这个名来称谓。

类名是一般的普遍概念（类概念，属或种概念）。类名可以根据其外延大小构成一定序列，如"兽"、"马"、"白马"等。就马而言，凡具有如此这般性质的实体（"若实也者"）都一定用这个名来称谓。

私名是外延最小的单独概念，反映特定的个体，又叫专有名词（专名），如"臧"作为一个人的名字。达名、类名、私名这三种名称，恰恰对应于一般、特殊、个别这三种层次。《墨经》就以这种分类层次为基础，制定了一个囊括各门科学的范畴体系。

人只要一说出话来，其中都包含着名称。名称跟实际的关系是一一对应的。犹如有一个姓名，后面一定跟随着一个人一样。《墨经》这一条所讲的道理是准确精到的，与西方逻辑一致，至今还经常被引用。

以形貌命者和不可以形貌命者：实体概念、属性概念和关系概念。《大取》关于概念分类的理论涉及实体概念、属性概念和关系概念：

> 苟是石也白，败是石也，尽与白同。是石也唯大，不与大同：是有使谓焉也。以形貌命者，必知是之某也，焉知某也；不可以形貌命者，唯不知是之某也，知某可也。诸以居运命者，苟人于其中者皆是也，去之因非也。诸以居运命者，若乡、里、

齐、荆者皆是。诸以形貌命者，若山、丘、室、庙者皆是也。

长人之与短人也同，其貌同者也，故同。指之人也，与首之人也异，人之体，非一貌者也，故异。将剑与挺剑异，剑以形貌命者也，其形不一，故异。诸非以举量数命者，败之尽是也。

"以形貌命者"，即以事物的形态、状貌命名，指实体概念（具体概念），如山、丘、室、庙等。其特点是一定要知道它指谓哪种对象（实体），才能了解它。高身材和短身材的人，都是"人"，因为其形态、状貌相同。而人指和人首不同，因为它们是人体的不同部分。用于威仪装饰的"将剑"和用于刺杀敌人的"挺剑"不同，因为其形态、状貌不同。

"不可以形貌命者"，是指属性、关系概念（抽象概念），它不是以事物的形态、状貌命名，是指谓事物的属性和关系。对这种概念，虽不知道它是指称哪种对象（实体），但可以了解它。这里又可分为属性和关系两种情况。

属性概念带有绝对性，它不依赖于跟其他事物相比较，而本身就是如此。如说这块石头是"白"的，这"白"不依赖于跟别的事物相比较，本身就是"白"的。

"白"的性质体现在石头的每一个颗粒。把这块石头打碎,它的每一个颗粒都是白的。

"诸非以举量数命者",就是指属性概念。所谓"败之尽是也",应该加以限制。对于机械物体的一部分性质,才是如此。如把一块坚硬的石头打碎,每一小块仍是坚硬的。若把这一点普遍化,会带来荒谬。如一架连弩车,可以一次射箭数十只,但若把连弩车拆散,其每一部分就不具有这种性质。一棵葱有生命,把它层层剥开,生命会丧失。一只活狗会吠,把它解剖了,就不会吠。所以不能说属性概念都有"败之尽是"的特点。

关系概念带有相对性,它依赖于跟别的事物相比较,才是如此。如说这块石头是"大"的,这是由于有小石头作为参照物,才可以这样说("是有使谓焉也")。如果把这块石头打碎,不能说每一部分仍是"大"的。所谓"举量数命者",是指"大"、"小"、"多"、"少"这种数量方面的关系概念。

《大取》还从"不可以形貌命者"中分出一种"以居运命者",即反映空间范围的概念,如乡、里、齐、楚即是。这是指人在一个空间范围内居住和运动,如果一旦离开了那里,就不再属于那个空间范围。如某人生于齐国,长于齐国,算是齐国人,后来举家离开齐国,迁居楚国,服务于楚国,就称为楚国人,而不再是齐国人。《大取》

这种概念分类，除了"败之尽是"这一点外，大部分意思是对的，与近代科学理解相合。

兼名和体名：集合概念和元素概念。集合概念和元素概念的关系问题，在古代曾经引起人们的困惑和惊异。战国时期的辩者们曾对这个问题有所思考，但他们不想合理地解决这个问题，而是故意利用这个问题进行诡辩。辩者的首领公孙龙，从年轻时代直到晚年，都对这个问题感兴趣。《庄子·天下》记载辩者们用"鸡三足"、"黄马骊牛三"之类的辩题，"与惠施相应（对辩），终身无穷"。而公孙龙子等辩者，无疑精于这类诡辩。

惠施是战国中期人，当时公孙龙还是一位翩翩少年，是辩者的后起之秀。《吕氏春秋·淫辞》和《孔丛子·公孙龙篇》记载，公孙龙到晚年还津津乐道地跟孔穿辩论"臧三耳"。《公孙龙子·通变论》保存有"鸡三足"和"牛羊足五"辩题的论证。

所谓"鸡三足"之类的辩题，是故意混淆集合概念和元素概念的层次关系的诡辩。鸡足的元素是二，鸡足的集合是一，加起来说是三。"黄马"的元素是一，"骊牛"的元素是一，加上"黄马骊牛"的集合，说是三。臧的耳朵，从元素说是二，从集合说是一，加起来说是三。牛、羊足，从元素说是四，从集合说是一，加起来说是五。以上是这类诡辩的起因。

当我们把集合概念和元素概念加以区分时,本不应产生诡辩,当把二者加以混淆时,却产生了纠缠不清的诡辩。正是在这些诡辩的刺激下,出于理清这类诡辩的需要,《墨经》区分了兼名和体名,指出了集合概念和元素概念的不同性质,为廓清辩者的诡辩提供了有力的武器。

《墨经》把集合概念叫作"兼名"。《经下》说:"'牛马之非牛',与'可之'同,说在'兼'。"认为"牛马"是一个"兼名"(集合概念)。《经上》说:"体,分于兼也。"《经说上》解释说:"若二之一、尺之端也。"兼指整体,体指部分。集合概念叫作"兼名",相对而言,元素概念可叫"体名"。"牛马"是"兼名",则"牛"、"马"是体名。"二"是兼名,其中的"一"是体名。直线是兼名,其中的点是体名。

《经下》说:"区物一体也,说在俱一、惟是。"《经说下》说:"'俱一'若牛、马四足,'惟是'当'牛马'。数牛数马则牛马二,数'牛马'则'牛马'一。若数指,指五而五一。"即区分事物为不同的集合,它们都具有两方面的性质,即元素的各个独立性和集合的唯一整体性。"俱一"和"惟是"是墨者独创的两个词义隽永、准确精到的范畴。"一体"解为一个集合。这个集合在集和子集的序列中,可解为整体,亦可解为部分。如对兽而言,"牛马"为一子集,一部分。对"牛"、"马"而言,"牛马"为一集合、整体。在《墨经》中有这种相对的、辩证的思想。

"俱一"指每个元素的独立性,字面意思是"每一个都是独立的一个"。"俱"在《墨经》里是一个全称量词。《经上》定义"尽,莫不然也",举例是"俱止、动","俱"与"尽"同义。《经说上》说"二人而俱见是楹也"。《经说上》说"俱一不俱二"。《经下》说"俱一与二"为"不可偏去而二"的一个例子。可见"俱一"是墨家的一个惯用词语。

"惟是"指集合的唯一整体性、不可分配性,字面意思是"仅仅这一个"。"惟"是独、仅仅,"是"即这一个。《墨经》常以"牛马"为例。"俱一"如说"牛马四足",指的是牛四足,马四足。"四足"的性质,不是从"牛马"这一集合的意义上说的,而是从非集合即类的意义上说的。"四足"的性质,可以同等地分配给"牛"和"马"两个元素(或子集合)。

"惟是"如说"牛马"的集合。数起元素来,"牛马"有"牛"和"马"两个,而数起集合来,"牛马"只是一个。《经说下》说:"'牛'不二,'马'不二,而'牛马'二。则'牛不非牛','马不非马',而牛马非牛,非马无难。"这是从另一角度说集合和元素的不同。即"牛"不是两样元素,"马"也不是两样元素,而"牛马"则有

"牛"和"马"两样元素。于是，可以用形式逻辑的同一律说，牛是牛，马是马，而牛马是牛马。这个思想，紧接着在《经说下》中被概括为"彼止于彼"、"此止于此"、"彼此止于彼此"的规律。这是用汉字表达的元素和集合的同一律。用拉丁字母来表达，即：A＝A，B＝B，AB＝AB。见下表：

例	规律（用汉字表达）	规律（用拉丁字母表达）
牛＝牛	彼＝彼	A＝A
马＝马	此＝此	B＝B
牛马＝牛马	彼此＝彼此	AB＝AB

由此表很容易看出《墨经》逻辑的合理性。《墨经》还常以"数指"为例："若数指，指五而五一。"在讲解集合和元素这种抽象的逻辑理论时，数手指是最方便、形象的教学手段。老师可以问学生："我们的右手有几个手指头？"学生回答："有五个！"这是从手指集合的元素角度说的（即"俱一"）。这就是"指五"的意思。

老师可以再问学生："我们右手五指的集合有几个？"学生回答："有一个！"这是从手指集合的角度说的（即"惟是"）。这就是"五一"的意思。老师很容易启发学生认识到左手的情况也是同样。

老师进一步让学生看两只手的情况，可以问学生："我们两只手有几个指头？"学生回答："有十个！"这也是从元素即"俱一"角度说的。老师再问:"在我们两只手上,五指的集合有几个?"学生答:"两个!"这是从"惟是"的角度说的。

于是《经说下》总结说:"五有一焉,一有五焉。十,二焉。""五有一焉",即五指的集合有一个。"一有五焉",即一指的元素有五个。"十,二焉",指十指中"五指"的集合有两个。

在这个基础上,《经下》再总结说:"'一少于二而多于五',说在建、住。""一少于二"从元素角度说,一指少于二指,更少于五指、十指。"一多于五"是从元素跟集合的关系说的,因为从一只手说,一指的元素有五个,而"五指"的集合只有一个。从两只手说,一指的元素有十个,而"五指"的集合只有两个。

"建"、"住"二字像画龙点睛一样,提示元素和集合(俱一和惟是)这两个角度。"建"指建立集合。如在一只手上建立一个"五指"的集合,在两只手上建立两个"五指"的集合。"住"指在集合中住进(安放进)元素或子集。如在一个"五指"的集合中住进五个一指的元素,在两个"五指"的集合中住进十个一指的元素。从住进元素的数目说,住一少于住二、住五、住十。

将住进元素的数目和建立集合的数目相比较,住一多于建五。如从一只手或两只手的情况说,住进一指元素的数目多于建立五指集合的数目。这就是"一少于二，而多于五"这一趣味数学命题的奥秘所在。《墨经》作者从理清古代辩者有关诡辩的需要出发，精研和表述了集合概念与元素概念的理论，明确讨论了集合概念和元素概念的区别与联系，为古代逻辑和数学理论增添了一道异彩。

《墨经》的范畴体系

黑格尔在《哲学史讲演录》第一卷《中国哲学》部分说，中国哲学"没有能力给思维创造一个范畴［规定］的王国"，"中文里面的规定［或概念］停留在无规定［或无确定性］之中"。在《逻辑学》上卷"第二版序言"中说，中国语言"简直没有，或很少达到""对思维规律本身有专门的和独特的词汇"的地步。这种说法是不符合事实的，他对《墨经》丰富的概念范畴一无所知。

范畴是大概念，即《墨经》说的"达名"（外延最广的概念）。《墨经》六篇定义了上百个各门科学的范畴。仅就《经上》篇而言，可以说是墨家的范畴篇，其中从"故"至"正"共一百条，或用定义，或用分类，从内涵或外延上规定了上百个各门科学的范畴。以下举例说明。

关于世界观方面的范畴：

（1）物（物质）、实（实体）。《经上》说："物，达也，有实必待之名也命之。"物（物质）是外延最广的哲学范畴，所有的实（实体）都用它来概括。

（2）**久（时间）、宇（空间）**。《经上》说："久，弥异时也。"《经说上》说："古、今、旦、暮。"时间范畴是概括一切不同的具体时间（如古代、现代、早上、晚上）。《经上》说："宇，弥异所也。"《经说上》说："东、西、南、北。"空间范畴是概括一切不同的具体空间（如东方、西方、南方、北方）。

（3）**有穷、无穷**。《经说上》说："或不容尺有穷，莫不容尺无穷也。"用尺子量度一个空间，前面容不下一尺，这叫"有穷"。若前面永远、处处容下一尺，这叫"无穷"。

（4）**化（性质变化、质变）**。《经上》说："化，征易也。"变化、质变就是特征、性状改变。如蝌蚪变为青蛙，鹌鹑蛋孵化为鹌鹑。

（5）**损益（量的增加和减少，量变）**。《经上》说："益，大也。"又说："损，偏去也。"《经说上》说："偏也者兼之体也。其体或去或存，谓其存者损。"增益是量的扩张，减损是量的缩小。

（6）**法（规律）**。《经上》说："法，所若（遵循）而然也。"《经说上》："然也者，民若法也。"法则（规律）是遵循着它，就可以取得一定结果的东西。如使用圆规，遵循"圆，一中同长也"的法则，可以画出一个标准的圆形。

关于认识论的范畴：见（观察）。《经上》说："见：体、尽。"《经说上》说："特者，体也。二者，尽也。"见是观察。体是部分、局部、片面。尽是整体、全局、全面。《经上》说："体，分于兼也。"《经说上》说："若二之一，尺之端也。"两个元素"一"，构成一个集合"二"。无数点的集合构成直线。体见是对事物部分的观察。如盲人摸象的寓言，有几个瞎子，摸到象牙的，说大象像一根大萝卜。摸到耳朵的，说大象像一只簸箕。摸到头的，说大象像一块石头。摸到鼻子的，说大象像一根木杆。摸到脚的，说大象像石臼。摸到背的，说大象像一张床。摸到肚子的，说大象像水坛。摸到尾巴的，说大象像一根绳。这些就是对大象的"体见"，即对部分的观察。

"尽见"是对事物整体的观察，须仔细审查事物的各个部分和方面，对事物做出由表及里、由此及彼的综合、贯通理解，才能实现。如要了解《墨经》的逻辑智慧，需仔细阅读有关《墨经》逻辑智慧的全部条目，并了解其产生的社会文化背景和作用。

（7）虑（思考）。《经上》说："虑，求也。"《经说上》说："虑也者以其知有求也，而不必得之，若睨。"虑即思考，是以认识能力求知的状态和活动。但仅有思虑求知的活动，不一定能取得知识，就像仅用眼睛斜视，不一定能看清楚对象一样。

（8）知（知识）。《经上》说："知，材也。"《经说上》说："知也者所以知也，而不必知，若明。"这里"知，材也"的"知"，指人的认识能力。材即才能、本能。墨家的认识论是可知论，充分相信人对世界的认识能力，认为凭借自身所具有的认识能力，再加上其他条件和过程，人就一定能获得知识。犹如人具有健全的视力，再加上其他条件，就一定能看见东西。

《经上》说："知，接也。"《经说上》说："知也者以其知过物，而能貌之，若见。"这里"知，接也"的"知"，指感性认识。"接"是接触事物。感性认识是用人的认识能力与物相接触，相过从，从而描摹出事物的相貌，犹如以健全的视觉能力接触事物，从而构成事物的视觉形象一样。

《经上》说："知，明也。"《经说上》说："知也者以其知论物，而其知之也着，若明。"这里"知，明也"的"知"，指理性认识。"明"是清楚明白。理性认识是用人的认识能力整理分析事物，而能取得深切的认识，犹如用眼睛仔细看东西，看得清清楚楚，明明白白。

《经上》说："知：闻、说、亲；名、实、合、为。"《经说上》说："传授之，闻也。方不㢓，说也。身观焉，亲也。所以谓，名也。所谓，实也。名实耦，合也。志行，为也。"这里的知从来源说，分为闻知、说知和亲知。

从内容说，分为名知、实知、合知和为知。

亲知是用感官亲自感知外界事物而取得的直接知识。如墨家通过实验亲自了解各种青铜球面镜成像的规律。又如在烽火台守望的警戒士兵亲眼看到有多少敌寇来犯。

闻知是传授而来的（听来的）知识，有亲闻（亲自听到的）和传闻（经别人传播听到的）两种。这是别人直接或间接获得的知识通过语言媒介传达的间接途径而被主体了解。如墨子听到公输般帮助楚国造好云梯，准备攻打宋国。

说知是由已知引出未知的推论之知。通过推论，原来不知的，变为知；原来不明显的知，变为明显的知。如已知"凡有节制满足生理欲望不会伤生损寿"，又已知"适量喝酒是有节制满足生理欲望"，由此推出结论："适量喝酒不会伤生损寿。"

名知是知道语词、概念。如墨子门徒禽滑厘知道墨子"连弩车"的语词、概念。实知是知道实物。如禽滑厘知道墨子"连弩车"的实物。合知是既知语词、概念，又知实物。如禽滑厘既知"连弩车"的名称，又知"连弩车"的实物。为知是有意识的自觉行动。如禽滑厘有意识地、自觉地参与制造"连弩车"的行动。墨家认为有意识的、自觉的行动本身，就是知识，而且是比较高级的知识，这种见解是新颖、深刻的。以上关于知（知识）范畴的论述,与中国现代和外国认知理论的基本原理相吻合。

(9)讹(错误)。《经上》说:"讹,穷知而悬于欲也。"《经说上》说:"欲饮其鸩,智不知其害,是智之罪也。若智之慎之也,无遗于其害也,而犹欲饮之,则饮之是犹食脯也。搔之利害,未可知也,欲而搔,是不以所疑止所欲也。墙外之利害,未可知也,趋之而得刀,则弗趋也,是以所疑止所欲也。观'讹,穷知而悬于欲'之理,食脯而非智也,饮鸩而非愚也。所为与所不为相疑也,非谋也。"

"讹"指犯错误。错误的发生,是由于没有用理智去支配行动,而是受欲望盲目支配的结果。譬如想喝毒酒,如果理智不知道毒酒的害处,那是理智的过失。如果理智清楚地了解毒酒的害处,但还是想喝毒酒,那么喝毒酒就像吃肉干一样,是由于受欲望的支配。又如搔马时,不知道马是否踢人,但由于想搔而去搔(希望侥幸不被马踢),这是没有以自己对利害的疑问而克服欲望的结果。再如对墙外的利害不了解,即使到墙外可以拾到钱币,但还是不去,这是以自己对利害的疑问而克服欲望的结果。总之,吃肉干不是由于理智,而是由于欲念。喝毒酒不是由于愚蠢,而是由于欲念。想做的(如搔马)和不想做的(如到墙外),都是在对利害疑而未决的情况下采取的态度,并非是由于理智对利害有正确的判断,并用以支配自己的行动。

墨者主张人的行为应该受理智的支配。他们把有意识的自觉行为也叫作知识。人在实践中追求的最高境界，是用正确理论、知识指导行动，按规律办事，达到预期目的，实现动机和效果的统一。如射箭想射中靶心，于是勤学苦练，把握规律，掌握技巧，最后果然射中了，这就是动机和效果的正确结合。相反，不受理智的支配，受欲望或不确定的意见（疑问）的支配，就难免在行动中犯错误。这是对犯错误原因的认识论和心理学解释。

关于方法论的范畴，有同（同一性）、异（差别性）、同异交得（同一性、差异性的相互渗透与同时把握）。关于政治学的范畴，有功、罪、赏、罚、诽（批评）、誉（表扬）等。关于伦理学的范畴，有仁、义、礼、忠、孝、任、勇、利、害等。关于物理学的范畴，有动（运动）、止（静止）、力等。关于数学的范畴，有方、圆、平、直、中、厚、倍等。关于逻辑学的范畴，有名、辞、说、辩、类、故、且（将来时和现在时模态词）、尽（全称量词）、必（必然模态词）、已（过去时模态词）、使（祈使句或然模态和客观必然模态）、诺（问答法）、服（说服）、止（反驳）、正（真理）等。

总之，《墨经》中有一个庞大的范畴王国。这些范畴各有专门与独特的规定，至今仍不失其科学价值。《墨经》在概念论上的成就毋庸置疑。

十四　反驳"孤驹未尝有母"
——墨家的命题论

《庄子·天下》记载诡辩家的诡辩题目"孤驹未尝有母",意思是"孤驹从来就没有母亲"。这是借口孤驹现在无母,诡辩说孤驹从来无母,把现在时态夸大为全时态(所有时态)。《列子·仲尼》说,公孙龙子曾经用许多"负类反伦"(违背事实,违反常理)的诡辩欺骗魏王,其中有"孤犊未尝有母"的诡辩。其论证是:"孤犊未尝有母,有母非孤犊也。"辩者的这种诡辩歪曲利用模态命题。墨家为了澄清这类诡辩,精心研究了关于命题的理论,特别是关于时间模态的理论。

模态逻辑的萌芽

1.实然命题。"实然"即确实如此。实然命题反映确实发生的事实。用过去时间模态词"已"、"已然"或"尝然",表达已经确实发生过的事实,是实然命题。《墨经》讨论了用过去时模态词"已"表示的实然命题。

《经上》说:"已:成;亡(读为无)。"《经说上》说:"为衣,成也。治病,亡也。""已"(已经)是表示过去时、完成时的时间模态词。模态是英文 modal 的音译,是一种特殊的命题形式,表示事物和断定的程度、样式、方式。《墨经》研究了一些古汉语中模态词的性质和用法。这里指出,过去时模态词"已"的用法有两种:一种是表示建设性的,如已经制成一件衣服;一种是表示破坏性的,如已经消除了病根。

《墨经》仔细研究了过去时的实然性质。《经下》说:"可无也,有之而不可去,说在尝然。"《经说下》说:"已然则尝然,不可无也。"《经下》说:"无不必待有,说在所谓。"《经说下》时:"若'无马',则有之而后无。'无天陷',则无之而无。"

《墨经》认为,一件事情可以是"无"(从来没有),但是一旦有了(发生了),就不能把它从历史上抹掉(有之而不可去),因为它确实曾经发生过。所谓"已然"(已经如此),就是"曾经发生过"(尝然),就不能说"没有发生过"(不可无也)。"无"并不以"有"为必要条件,这里就看你说的是哪种"无"。如说:"我现在无马了。"这是指过去曾经有马,而后来无马(有之而后无)。又如说:"没有天陷(天塌下来)这回事。"这是指从来就没有（无之而无）。杞人忧天是多余的顾虑。

由此看来，"孤驹未尝有母"的错误是很明显的。说是"孤驹"，就是说"现在无母"。而"现在无母"，不等于"过去无母"。既然说是"驹"，就是说它"曾经有母"，而不能由"现在无母"推出"未尝有母"（即未曾有母，从来无母）。这正是"有之而不可去"，"已然则尝然，不可无也"之一例。辩者"孤驹未尝有母"，是故意混淆时间模态所带来的诡辩，即以"现在无母"的事实抹杀"过去曾经有母"的事实，使用的是偷换概念式的诡辩手法。

《墨经》定义了时间模态词"且"。《经上》说："且，言然也。"《经说上》说："自前曰且，自后曰已，方然亦且。""且"是表述事物存在状况和样式（"然"）的。且有两种基本用法：一是在事物发生之前说"且"，这相当于现代汉语的"将"、"将要"，表将来时，相当于或然命题（可能命题）；二是在事物发生过程中说"且"，这相当于现代汉语的"正在"、"刚刚"，表现时，相当于实然命题。"已"（"已然"、"尝然"），这相当于现代汉语的"已经"、"曾经"，表过去时，也相当于实然命题。在一个事物过程已经完成之后来表述它，使用过去时间模态词"已"（"自后曰已"）。

在一个事物发生过程中来表述它，可以使用现在时间模态词"方"或"且"，即《经说上》所谓"方然亦且"。

"方"即"开始"、"正在"。如"方兴未艾",可以说"且兴未艾"。"来日方长",可以说"来日且长"。"国家方危",可以说"国家且危"。"日方中方睨,物方生方死",可以说"日且中且睨,物且生且死"。既然现在时语句表示一种事实开始发生、正在发生,从模态上说,相当于实然命题。

2. 或然命题。在事物过程发生之前,断定它有可能发生,用将来时模态词"且"(将、将要),即《经说上》所说的"自前曰且"。这相当于或然命题(可能命题)。《小取》有如下推论式:

(1)且入井,非入井也。止且入井,止入井也。(意思是:"将要入井"可能性不等于"入井"事实,阻止"将要入井"可能性发生却等于阻止"入井"事实发生。)

(2)且出门,非出门也。止且出门,止出门也。(意思是:"将要出门"可能性不等于"出门"事实,阻止"将要出门"可能性发生却等于阻止"出门"事实发生。)

(3)且夭,非夭也。寿且夭,寿夭也。(意思是:"将要夭折"的可能性不等于"夭折"的事实,阻止"将要夭折"的可能性却等于阻止"夭折"的事实发生,即采取措施使"将要夭折"的人长寿,却是使"夭折"的人长寿。)

在推论式（1）中，"且入井"（将要入井），表示一种"入井"的可能性（或然性，或然命题），它不等于"入井"（现实性，实然命题）。但是，采取措施阻止"且入井"的可能性发生（如拉住将要入井的人，或盖住井口），则"入井"的现实性也不会出现。

同理，在推论式（2）中，"且出门"（将要出门）不等于"出门"。但采取措施阻止"且出门"这种可能性的发生（如拉住将要出门的人，或把门关上），则"出门"的现实性也不会出现。

在推论式（3）中，"且夭"（将要夭折）不等于"夭"（夭折）。但采取措施阻止"且夭"这种可能性的发生（如治好将要夭折人的病，改善营养状况和卫生条件），使"且夭"人有"寿"（"寿且夭"），就等于"寿夭"（使夭折人有寿）。

墨家出于批判儒家宿命论的需要，特地设计这一推论式。《论语·颜渊》载子夏说："死生有命，富贵在天。"墨子在跟儒家信徒公孟子辩论时对方也说："贫富寿夭，全然在天，不可损益。"

墨家反对儒家这种消极的命定论思想，主张强力而为，有病时主张医治，改善营养，益人寿命。推论式（1）和（2）是为推论式（3）提供类比论证的前提和论据。墨家在这样做的时候，自然也就发展了中国古典逻辑的理论。这里三个推理式，单从模态逻辑的形式规律上来衡量，也是正确合理的。

一般而言，令一事实（如"入井"、"出门"、"夭"）为 P，这 P 就是一个实然命题。而可能 P 则为一个或然命题。实然命题 P 比或然命题可能 P 断定得多，所以在模态命题的对当关系中 P 处于上位，可能 P 处于下位。根据模态命题对当关系的规律，断定下位命题真，则上位命题真假不定。可能 P 真，则 P 真假不定。可能 P，不等于 P。于是，"且入井，非入井"、"且出门，非出门"和"且夭，非夭"成立。而如果下位命题假，则可断定相应的上位命题假，即如下公式成立：

$$\neg \Diamond P \to \neg P \to \neg \Box P$$

读作：

如果并非可能 P，则并非实然 P，则非必然 P

于是，"止且入井，止入井也"、"止且出门，止出门也"和"寿且夭，寿夭也"成立。总之，墨家有关时间模态逻辑的推论是科学的、合理的。

3. 必然命题。必然命题带有必然模态词"必"。《墨经》指出，必然命题的论域，如果涉及一类事物，则带有全称性和全时间性（贯穿于过去、现在和将来三个时态）。

《经上》说："必，不已也。"《经说上》说："谓一执者也。若弟兄。一然者一不然者，必不必也，是非必也。"

当必然命题涉及一类事物时，"必然"蕴含着"尽然"（所有个体都是如此，即全称）。如果是"一然者，一不然者"（有是这样的，有不是这样的），即"不尽然"，那就一定不是"必然"，而是"非必然"。一般来说，下列两个公式成立：

（1）所有 S 必然是 P→所有 S 是 P→并非有 S 不是 P

（2）有 S 不是 P→并非所有 S 是 P→并非所有 S 必然是 P

公式（1）和（2）具有等值关系。"必然"除了具有"尽然"即全称性以外，还具有全时间性，即作为一种永不停止的趋势贯穿于过去、现在和将来三种时态。"不已"，即不停止。"一执"，即维持一种趋势，永不改变。如说：

"有弟必有兄。"这对所有场合都是如此(全称性),并且对任何时刻,都是如此(全时间性)。如《经说上》说:"二必异。"(只要是两个事物必然相异)《经说下》说:"行者必先近而后远。"(走路的人必然是先近后远)"民行修必以久也。"(老百姓走一定长度的路必然要用时间)这些都是对任何场合和时间都适用的必然命题。

必然命题的否定(负必然命题)叫作"不必"、"非必"或"弗必"。对一类事物而言,如果不具有全称的意义或全时间性的意义,那就不能说是"必",就是"不必"、"非必"或"弗必"。如《经下》说:"无说而惧,说在弗必。"《经说下》说:"子在军,不必其死生;闻战,亦不必其死生。前也不惧,今也惧。"

显然不能做如下推论:"所有军人都必死,所以,所有军人都死,所以并非有军人不死。"而如下推论成立:"有军人不死,所以,并非所有军人都死,所以,并非所有军人都必死。"墨家用这种负必然命题及其推论给参加防御战争的军人的父母做工作,希望他们不要为参军和参战的儿子担心恐惧,认为这种担心恐惧是没有根据的。《小取》说:"以说出故。""说"即有根据的推论。这是由于不具有全称性而得出负必然命题的例子。

同样,如不具有全时间性,也会得出负必然命题。如已知过去和现在"凡人都有死",假如将来有一天,可以研究出一种办法，使自己不死，那么"凡人必有死"这种必然性也就可以推翻了。但根据科学原理，可以断言，将来任何时刻，也不会做到长生不老，所以"凡人必有死"是既有全称性，又有全时间性的正确必然命题。

祈使句或然模态和客观必然模态是有区别的。《墨经》区分了祈使句或然模态和客观必然模态。《经上》说："使：谓；故。"《经说上》说："令、谓，谓也，不必成。湿，故也，必待所为之成也。"即认为"使"有两种含义。一种含义是指使，即甲用一个祈使句命令或指谓乙去干某件事，仅仅由于这种指使，乙"不必成"，即不必然干成功。如甲命令乙："你必须把丙杀死！"这种祈使句中的"必"实际上只表达甲的杀人意图，并不构成乙杀死丙的充分条件。即尽管甲有这种杀人意图，乙也可能由于主观或客观原因而没有把丙杀死。所以，不能仅仅用甲的这一祈使句来给乙定杀人罪。第二种含义是原因，相当于充分条件，即如果P必然Q。如天下雨，必然使地湿。所以说："湿，故也，必待所为之成也。"

总之，祈使句的模态是"不必成"，即为负必然命题"不必"。而在模态命题的等值关系中，"不必然P"等值于"可能不P"。如"乙不必然杀死丙"，等值于"乙可能没有杀死丙"。而客观必然模态是"必成"，即如果P必然Q。如下雨必然地湿。可见，祈使句或然模态和客观必然模态是有区别的,而墨家已对这种区别有明确认识。这说明在现代逻辑中作为一个重要分支而存在的模态逻辑在《墨经》中已经发其端倪。

全称特称命题

《经上》说:"尽,莫不然也。"《经说上》举例说:"俱止、动。""尽"、"俱"是全称量词。在一个论域中,没有不是如此的(并非有 S 不是 P),等值于全都如此(所有 S 是 P)。例如就一个整体而言,所有部分都停止,或所有部分都运动。

《小取》说:"或也者,不尽也。""或"是特称量词。它的定义是"不尽",即不是全部。《经说上》举例说,针对同一动物,甲说:"这是牛。"乙说:"这不是牛。"这两个命题的真值,是"不俱当,必或不当"。"不俱当"(即"不尽当",并非所有都恰当),等值于"或不当"(有的不恰当)。《经说上》有如下意思:"以人之有不黑者也,止黑人。"即用"有人不是黑的",驳倒"所有人是黑的"。一般来说,用"有 S 不是 P",可以驳倒"所有 S 是 P"。即下式成立:

$$SOP \to \neg SAP$$

读作：

有 S 不是 P，所以，并非所有 S 是 P

《经说上》说："尺与尺俱不尽。端与端俱尽。尺与端或尽或不尽。"这是《经上》"撄，相得也"的几个例子，意即两根直线相交，二者都不完全重合（全称否定命题）。两个点相交，二者都完全重合（全称肯定命题）。一直线与一点相交，从点这一方面说是完全重合，从直线这一方面说是不完全重合。"或尽或不尽"即有的是完全重合（特称肯定命题），有的不是完全重合（特称否定命题）。墨家通过这些例子，把几种直言命题（性质命题）都列举出来了，并且对于它们之间的等值关系的理解也是正确的。

假言命题

《小取》说："假者，今不然也。"假设是表示与当前事实不符合的假定、设想。以这个假设为条件，可以引申出一定结果，于是断定这种条件和结果之间关系的命题，被称为假言命题。产生一定结果的条件，通常叫作原因，《墨经》叫作"故"。从事物方面说，"故"指原因。从逻辑上说，指理由或根据。《墨经》在对"故"的分析中，揭示了各种假言命题的特征。

> 故，所得而后成也。(《经上》)
> 小故：有之不必然，无之必不然。体也，若尺有端。大故：有之必然，无之必不然。若见之成见也。
(《经说上》)

这里给出了"故"的定义和分类。"故"的定义：故，是成事之因。"故"的分类："小故"和"大故"。

"小故"是"有之不必然，无之必不然"。这相当于必要而非充分条件。其中"无之必不然"，相当于必要条件。在其他条还有"非彼必不有"的公式。这里，"之"或"彼"代表前件，"然"或"有"代表后件。"无之必不然"或"非彼必不有"，即"没有前件一定没有后件"（没有 P 一定没有 Q）。形式逻辑的表达是：

$$\neg P \rightarrow \neg Q$$

读作：

$$非 P 则非 Q$$

其中"有之不必然"，相当于非充分条件，即"有前件

不一定有后件"(有 P 不一定有 Q)。形式逻辑的表达是:

$$P \wedge \neg Q$$

读作:

P 并且非 Q

墨家把"有之不必然,无之必不然"的"小故"叫作"体因",即部分原因。"小故"(必要而非充分条件)是产生结果的部分原因。《经说上》举例说:"若尺有端。"尺是直线,端是点。即有点不一定构成直线,没有点一定不能构成直线。现将《墨经》的表达与现在的认识列表对照如下:

名称	非充分条件	必要条件
《墨经》的公式	有之不必然	无之必不然 非彼必不有
现在的认识	有前件不一定有后件 有 P 不一定有 Q $P \wedge \neg Q$ P 并且非 Q	没有前件一定没有后件 没有 P 一定没有 Q $\neg P \rightarrow \neg Q$ 非 P 则非 Q
实例	有点不一定构成直线	没有点一定不构成直线

"大故"是"有之必然，无之必不然"。即有前件一定有后件，没有前件一定没有后件。或有 P 一定有 Q，没有 P 一定没有 Q。这相当于充分且必要条件，它是各种必要条件的集合。相对于必要且非充分条件被叫作"体因"来说，可以把"大故"这种充分且必要条件叫作"兼因"。在《墨经》中，"体"是与"兼"相对的范畴。例如有健全的视力、一定的光线、被看的对象以及对象同眼睛的一定距离等各种必要条件的集合，可以构成见物的充分且必要条件。现将《墨经》的表达与现在的认识，列表对照如下：

名称	充分且必要条件
《墨经》的公式	有之必然，无之必不然
现在的认识	有前件一定有后件，没有前件一定没有后件 有 P 一定有 Q，没有 P 一定没有 Q $(P \rightarrow Q) \wedge (\neg P \rightarrow \neg Q)$
实例	见物条件完全具备一定能见物，见物条件不完全具备一定不能见物

以上对照说明，墨家逻辑同西方逻辑和今日的逻辑观念有相通之处。

锣鼓听声，听话听音：语句和判断

俗话说："锣鼓听声，听话听音。"意为听别人说出一个语句，要动脑筋分析，才能准确把握语句中的语义内涵，弦外之音，即其中的判断。如语句"夔一足"的含义，本来是指"夔这个人有一个就足够了"，但有人却把它理解为"夔这个人天生只有一只脚"，犯了望文生义的谬误。

闻，耳之聪也。循所闻而得其意，心之察也。言，口之利也。执所言而意得见，心之辩也。（《经上》）

这里，言是语句，意是判断。语句的说出，凭借人的健全的发音器官。语句的接受，通过人的健全的听觉器官（闻，耳之聪也）。把握语句中的意义，即判断，需要依靠心智思维的辨察分析作用。语句形式受表达习惯、说话人的文化素质以及情感等因素的制约，而语义（判断）则受主体认识和语言环境的制约。语句形式和语义内容（判断）不一定是完全一致的。同一语句可以表达不同的判断，同一判断也可以表达为不同的语句。如果不用心思分析语句中包含的准确含义（判断），会产生望文生义、断章取义的谬误。

信与当：语句和判断的标准

语句符合判断（心中的意念），叫作"信"。判断和语句符合实际,叫作"当"。《经上》说:"信,言合于意也。"《经说上》说:"不以其言之当也。使人视城得金。"信是口里说的语句,符合心里想的意,心口如一。信不以语句的当,为必要条件。判断符合实际,语句符合判断,语句就信且当。

判断不符合实际,语句符合判断,语句就信而不当。判断符合实际,语句不符合判断,语句可能不信且不当,但也可能偶然不信而当。如甲骗乙说:"城门内有金,你到那里能拾到金子。"乙去一看,碰巧拾到金子。实际上甲并不真的知道那里有金子,只是随口胡说。这是语句偶然不信而当的特例。

思维和语言符合实际,即当,这是认识的目的和标准。语言准确表达思维,即信,这是发挥语言表意功能和交际功能的目的和标准。

十五　玉石老鼠相混淆
——墨家的同一律

据《尹文子》记载，郑国人把未经整理的玉石叫"璞"。周国人把没有经腊制的鼠肉叫"璞"。一次在市场上，一位周国人怀揣新鲜鼠肉问郑国商人说："想买璞吗？"郑国商人一心想做玉石生意，以为这位周国人说的"璞"是玉石，于是脱口而出："想买！"周国人立即从怀中掏出新鲜鼠肉，递给郑国商人说："给你！"郑国商人只想做玉石生意，并不想经营鼠肉，所以被搞得非常尴尬，无奈之下，只好向周国人道歉说："对不起，谢谢您，俺想买玉石，不想买鼠肉！"

同一个"璞"字，既指玉石，又指鼠肉，这种一词多义的现象，本来是司空见惯的正常现象，无可非议。但是，在语言交际中，对话双方应该注意明确语词含义的所指，保持交际活动中概念的确定性，思想的明确性，避免词义即概念的混淆，从而避免交际中的困难，实现成功的交际。

为了解决这类语言交际中的困难和问题，墨家提出"通意后对"（弄通对方意思再回答）的原则。《经下》说："通意后对，说在不知其孰谓也。"《经说下》说："问者曰：'子知羁乎？'应之曰：'羁何谓也？'彼曰：'羁旅。'则知之。若不问'羁何谓'，径应以：'弗知。'则过。且应必应问之时而应焉，应有深浅、大小，当在其人焉。"即在对话、辩论中，应该先弄通对方意思再回答。论证的理由在于，如果不先弄通对方意思再回答，就不知道对方究竟说的是什么。如同一个"羁"字，可以既指旅客，也可以指马笼头。如果发话的一方问："你知道羁吗？"听话的一方不向对方问明"羁"是什么意思，就匆忙回答说不知道，是不对的。因为如果对方给你解释他说的"羁"是指旅客，你也许是知道的，并且应对应该及时，应对答案的深浅、多寡，应该适合对象，因人而异。

墨家对"通意后对"的交际原则的解释，涉及语言的多义性。事物和生活的复杂性、多样性带来语言的复杂性、多义性和歧义性。在对话、辩论中不先"通意"，会出现答非所问的现象，导致无谓的纷争，甚至给诡辩论者钻空子。利用语言的多义性来玩弄诡辩的现象，在当时是很严重的，所以墨家提出"通意后对"的原则来加以矫正。

"通意后对"的交际原则也受到其他学者的关注。刘向《别录》载邹衍说："辩者别殊类使不相害，序异端使不相乱，抒意通指，明其所谓，使人与知焉，不务相迷也。"并认为"引人声（言词语句）使不得及其意"的偷换概念的诡辩现象，有害于"大道"，是许多"缴言纷争"的根源。《吕氏春秋·离谓》、《淫辞》二篇举出许多实例来加以说明。

《尹文子》记载齐国的黄先生，把自己两个在全国是最漂亮的女儿叫作丑八怪，到处宣扬，致使两个女儿耽误了青春，遍齐国都还没有人敢娶。针对这种胡乱使用称谓的现象，《经下》说："谓而固是也，说在因。"《经说下》说："有之实也，而后谓之。无之实也，则无谓也。不若假。举'美'谓是，则是固美也，谓也。则是非美，无谓，谓则假也。"即称谓要保持其固定的所指，因为称谓要以对象为转移。有这样的对象，才能有这样的称谓。没有这样的对象，就不能有这样的称谓，这不像说假话。如列举美的名称来述说这种状况，那就是这种状况本来就是美的，这就叫作称谓。如果这种状况本来不是美的，就不能这样称谓，这样称谓就是假的。这种保持概念、语词确定性的做法，就是逻辑学的同一律。黄先生如果不故意把"美"说成"丑"（不美），就不至于耽误了两位女儿的大好青春年华。

"通意后对"（弄通对方意思再回答）和"谓而固是"（称谓应该保持确定性）的原则，是逻辑同一律的应用。

墨家把同一律的规定叫作"正名"(正确运用概念的规律)。"正名",本来是孔子提出的语言表达规律,经过战国时期诸子百家的长期争论,墨家用古汉语代词作为变项,把它表述为元逻辑的规律:"彼止于彼","此止于此","彼此止于彼此"。这种用古汉语代词作变项所表达的同一律,相当于用英文字母作变项表达的同一律:$A=A$,$B=B$,$AB=AB$。二者在逻辑上是等值的。其实例是:牛=牛,马=马,牛马=牛马。

又说:"彼此不可彼且此也。"相当于用英文字母说:$AB \neq A$,$AB \neq B$。其实例是牛马≠牛,牛马≠马。又说:"若是而彼此也,则彼亦且此此也。"相当于说:若$C=AB$,则$A=BB$。其实例是:若羊=牛马,则牛=马马。这是用归谬法证明同一律的正确性。墨家把同一律作为"正名"(正确运用概念的规律)概括出来了。《公孙龙子·名实论》也说:"彼彼止于彼,此此止于此,可。彼此而彼且此,此彼而此且彼,不可。"与《墨经》的内容一致,都是相当于同一律的规定。

墨家汉字表达	彼止于彼	此止于此	彼此止于彼此	彼此不可彼且此
逻辑表达	A=A	B=B	AB=AB	AB≠A AB≠B
墨家实例	牛=牛	马=马	牛马=牛马	牛马≠牛 牛马≠马

从此表的对照，可知墨家逻辑同一律思想的正确性、合理性和普遍真理性。《大取》谈到"迁"即转移论题、偷换概念的逻辑错误。如公孙龙子说，由于白马中不包含黄、黑马，可见白马异于马。既然白马异于马，可见白马非马。这是把"异于"（有不同，有差别）偷换为"非"（不是，全异，完全不同）。"非"的意思除了包含"异于"之外，还包含"不是、全异、完全不同"的意思。这是玩弄偷换概念的把戏。而把"白马异于马"变成"白马非马"，则是偷换论题。这种错误，也是由于违反同一律而造成的。

十六　是牛又不是牛
——墨家的矛盾律

矛盾律

"一个动物可以是牛,又不是牛吗?"墨家用元逻辑的概念和方法,对这个问题做出了元逻辑的分析,概括出具有中国特色的逻辑学的矛盾律。《经上》说:"辩,争彼也。"《经说上》举例解释说:"或谓之牛,谓之非牛,是争彼也。是不俱当。不俱当,必或不当。"即辩论是针对同一个对象(彼)所发生的一对矛盾命题的争论。

如一人说:"这个动物是牛。"一人说:"这个动物不是牛。"这是针对同一个对象(彼)所发生的一对矛盾命题的争论。辩论就是"争彼",即争论一对矛盾命题的是非。这里把矛盾命题的真假值规律表述为"不俱当,必或不当",即不能同真,必有一假。这是墨家对逻辑学矛盾律的理论概括。

古希腊逻辑学家亚里士多德把矛盾律表述为："对立的陈述不能同时为真。""相反论断不能同时为真。""这个动物是牛"和"这个动物不是牛"，就是亚里士多德说的"对立的陈述"、"相反论断"。"不俱当"，就是亚里士多德说的"不能同时为真"。中国和外国逻辑学家对逻辑学矛盾律的认识是一致的。中国人和外国人遵守同一种逻辑规律。人类的思维规律在本质上是一致的。

亚里士多德认为，矛盾律是"一切原理中最确实的原理"，"一切原理中最无可争议的原理"，是不证自明的真理。如矛盾命题"a是牛"和"a不是牛"（="a是非牛"）的谓项"牛"和"非牛"，是其邻近属概念"动物"下属的一对矛盾概念，它们内涵不同，外延互相排斥，一动物a"是牛"，就不能又"是非牛"；"是非牛"，就不能又"是牛"。矛盾命题"a是牛"和"a是非牛"（="a不是牛"）的真值规律，必然是不能同真。

矛盾律也适用于反对命题，反对命题的真值规律也是不能同真，同时肯定一对反对命题，也违反矛盾律。如《经说下》说："或谓'之牛'，其或谓'之马'也，俱无胜。"反对命题"a是牛"和"a是马"的谓项"牛"和"马"，是其邻近属概念"动物"下属的一对反对概念，它们内涵不同，外延互相排斥，一动物a"是牛"，就不能同时又"是马"，"是马"，就不能同时又"是牛"。

反对命题"a是牛"和"a是马"的真值规律,必然不能同真。不同的是,矛盾命题是必有一假,反对命题是至少有一假,也可以同假。"俱无胜"指可以同假,如事实上动物a是狗,则说"a是牛"和"a是马"同假。矛盾律也适用于反对命题的另外一个理由,是从反对命题中也可引申出矛盾命题。例如说"a是马",等于说"a不是牛",与"a是牛"构成矛盾;说"a是牛"等于说"a不是马",与"a是马"构成矛盾。所以同时肯定一对反对命题,就违反矛盾律。

与矛盾律有密切联系的一条规律是排中律。排中律的规定是,对两个互相矛盾的思想不能同时都否定,必须肯定其中之一。就简单的直言命题而言,排中律的"排中",即排除对同一主项肯定和否定之外的任何中间可能。

亚里士多德说:"在两个互相矛盾的谓项之间,没有第三者,我们必须或者肯定或者否定某个主项有某个谓项。"如"或谓之牛,谓之非牛"关于同一主项的矛盾命题,"不可两不可",不能同时都否定,必须肯定其中之一。

针对同一动物a,甲说"a是牛",乙说"a不是牛"(=a是非牛),"牛"和"非牛"是同一概念"动物"下属的一对矛盾概念,二者穷尽了"动物"概念的外延,a不在

"牛"中,就在"非牛"中,不在"非牛"中,就在"牛"中,排除矛盾概念"牛"和"非牛"之外的任何中间可能。

《经说下》说:"俱无胜,是不辩也。辩也者,或谓之是,或谓之非,当者胜也。"即辩论必须是双方针对同一主项,一方说它是什么,另一方说它不是什么,其中正确的一方是胜方,不正确的一方是败方。

如果争论的论题都不成立,"俱无胜",这不叫作辩论。如"或谓之牛,其或谓之马也",甲说"a是牛",乙说"a是马",这是关于同一主项的反对命题之争,"牛"和"马"是同一概念"动物"下属的一对反对概念,二者没有穷尽"动物"概念的外延,在反对概念"牛"和"马"之外,还有其他许多中间可能。

排 中 律

排中律与矛盾律关系密切,二者是同一件事情的两面,并且可以互相导出。矛盾律是断定矛盾命题不能同真,必有一假。排中律是断定矛盾命题不能同假,必有一真。墨家在发现矛盾命题"不俱当,必或不当"(矛盾律)的同时,也发现矛盾命题"不可两不可",必有一"当"的真值规律,而这正是关于排中律的规定。

《经说下》说:"辩也者,或谓之是,或谓之非。当者胜也。"违反矛盾律的逻辑错误,是自相矛盾(悖),或叫矛盾"两可"。如《经说下》说"牛马非牛也可"和"牛马中也可",是矛盾"两可"(自相矛盾)的逻辑错误。而说"牛马非牛也未可,牛马牛也未可"这种矛盾"两不可",因为它是违反排中律的逻辑错误。

所以说:"而曰'牛马非牛也'未可,'牛马牛也'未可,亦不可。"这就是否定矛盾"两不可",而坚持排中律的规定。墨家认为合乎逻辑的结论应该是"或可或不可"。由于这里只涉及"牛马非牛"和"牛马牛也"这两个矛盾命题,所以只能是"一可一不可"。按照墨家"集合不等于元素"的逻辑公式,"牛马非牛"是正确的,而"牛马牛也"是不正确的。这是在反驳中成功运用矛盾律和排中律来分析问题的例子。

形容自相矛盾

人类对逻辑矛盾律有一个从不系统到系统,从低级到高级认识过程。在中国古代的百家争鸣中,墨子出于论证和说服的需要,为了证明自己的学说,反驳别人的议论,使用各种比喻,具体、形象、生动地说明对方议论中的自相矛盾、荒谬和悖理。如:

(1)**命人包而去其冠**。据《墨子·公孟》记载,儒家信徒公孟子说:"贫富寿夭,齰(凿,确凿)然在天,不可损益。"又说:"君子必学。"墨子批评公孟子说:"教人学而执有命,是犹命人包而去其冠也。"

即教人学习,而又坚持有命论的观点,这好比叫人包裹起头发,同时又叫人把包裹头发的帽子去掉一样,是自相矛盾的、荒谬、悖理的。因为公孟子坚持儒家的命定论,说人的贫穷、富有、长寿、短命,全都是由天命决定,人的力量一点都不能改变,这意味着不承认人的主观能动作用;可是他同时又主张君子一定要学习,即学习能增长知识,改变自己的社会地位和境遇,这意味着又承认人的主观能动作用。

公孟子的议论前后矛盾,其"真假值规律"是"不俱当,必或不当",即不能同真,必有一假。但墨子还没有概括出这种规律性的语言,只是用一个比喻来具体、形象、生动地表达同样的意思。

(2)无客而学客礼,无鱼而为鱼罟。据《墨子·公孟》记载,儒家信徒公孟子说:"无鬼神。"又说:"君子必学祭礼。"墨子批评他说:"执无鬼而学祭礼,是犹无客而学客礼,无鱼而为鱼罟也。"即公孟子坚持"无鬼神"的论点,同时又主张君子一定要学习祭祀鬼神的礼节,这好比没有客人,却学习接待客人的礼节;没有鱼,却制作渔网一样,是自相矛盾、荒谬、悖理的。

（3）**禁耕求获**。据《墨子·节葬下》记载，当时"天下之士君子"用厚葬和长久服丧的手段来求富，墨子批评说："以此求富，此譬犹禁耕而求获也，富之说无可得焉。"因为用厚葬和长久服丧的手段，只会起到浪费已有财富，并耽误生产，妨害创造新财富的效果，不可能达到"以此求富"的目的，这就像用禁止耕种的手段来求得收获一样，是自相矛盾、荒谬和悖理的。

（4）**负剑求寿**。据《墨子·节葬下》记载，当时的"天下之士君子"用厚葬和长久服丧的手段来求得人丁兴旺，墨子批评说："以此求众，譬犹使人负剑，而求其寿也，众之说无可得焉。"因为用厚葬和长久服丧的手段，只会起到伤害现有劳动力，并"败男女之交"，妨害新劳动力的生产，不可能达到"以此求众"的目的，这就像用把利剑放在脖子上的手段来求得长寿一样，是自相矛盾、荒谬和悖理的。

（5）**掩目祝视**。据《墨子·耕柱》记载，鲁国贵族季孙绍和孟伯常，治理鲁国的政治，由于互不相信而到神社祈祷，希望神灵保佑使二人和好，墨子批评他们说："是犹掩其目而祝于丛社也：若使我皆视！岂不谬哉！"这就像把眼睛掩盖起来向神灵祈祷，希望神灵保佑什么都看得见一样，是自相矛盾、荒谬和悖理的。

（6）**少见黑曰黑，多见黑曰白；少尝苦曰苦，多尝**

苦曰甘。据《墨子·非攻上》记载，墨子批评当时的"天下之士君子"，对偷窃和抢劫别人的桃李、犬豕鸡豚、马牛、衣裘戈剑等"小为非，则知而非之"，但是对"大为非攻国"，即攻伐掠夺别人的国家，"则不知非，从而誉之，谓之义"，这就像"少见黑曰黑，多见黑曰白"，"少尝苦曰苦，多尝苦曰甘"一样，是自相矛盾、荒谬和悖理的。

墨子使用的这些比喻，具体、形象、生动地说明辩论对方议论中的自相矛盾、荒谬和悖理，反映了人类对形式逻辑矛盾律从不系统到系统，从低级到高级的认识过程。但是由于墨家在秦汉以后衰亡，所以这些比喻都没有流传开来，这是令人遗憾的。但是，墨子这些关于自相矛盾的比喻，精到隽永，无与伦比，应当予以推广、普及。

而韩非子关于矛盾的故事，则流传千古，普及人心。自相矛盾的成语，从词源上说，与墨子的"命人包而去其冠"等一样，本是形象的比喻，因其包含典型的逻辑学意义，所以成为违反矛盾律的逻辑错误的代表性词语。

悖概念和归谬法

墨子对形式逻辑矛盾律最重要的贡献，是从大量辩论实践中总结、概括出悖概念,用来表示自相矛盾、荒谬和悖理。据《耕柱》记载,墨子在辩论中批评说:"世俗之君子,贫而谓之富则怒,无义而谓之有义则喜,岂不悖哉?"世上的君子,从物质财富说,他家里穷,你却说他富,这种过誉,他认为是挖苦,所以发怒。从精神财富说,他无道义,你却说他有道义,这种过誉,他认为是赞扬,所以喜欢。这岂不是悖谬、矛盾吗?

据《贵义》记载,墨子在辩论中又批评说:"世之君子,使之为一犬一彘之宰,不能则辞之。使为一国之相,不能而为之。岂不悖哉!"世上的君子,从日常劳动说,叫他去杀一只狗,宰一头猪,他不会做就推辞。从当大官说,叫他做一国的宰相,他不会做却仍然要做。这岂不是悖谬、矛盾吗?

从"悖"字的结构和辞书的解释来看,悖字本从言(言字旁),或从心(竖心旁),指思维表达中的矛盾、荒谬和悖理。《说文解字》说:"悖,乱也。"《玉篇》说:"悖,逆也。"《集韵》、《韵会》说:"悖,音背,意同。"悖即相违背。背与北通用。北是古背字。《说文解字》说:"北,乖也,从二人相背。"徐锴解释说:"乖者,相背违也。"《集韵》说:"北,违也。"段玉裁注解说:"乖者戾也,此于其形得其义也。"

据《墨子·非儒》记载,儒家的人说:"君子必古服古言然后仁。"即君子一定要穿着古人的服装，说着古人的话，才符合仁义。墨家的人反驳说："所谓古之言、服者，皆尝新矣，而古人言之、服之，则非君子也。然则必服非君子之服，言非君子之言，而后仁乎？"即古人的言论、服装，都曾经是新的，而古人说了它，穿了它，那么古人就成了非君子，那也就是说一定要穿非君子的服装，说非君子的言论，才符合仁义。这种揭露对方议论中的悖谬、矛盾，而驳倒对方议论的方法，就是归谬法。

儒家的人又说："君子循（述）而不作。"即君子叙述而不创作。墨家的人反驳说，相传古代羿做弓，杼做甲，奚仲做车，巧垂做舟，按儒家的观点，因他们"创作而不叙述"，就都成了"小人"，而当今遵循古代技艺造弓、甲、车、舟的工匠，因"叙述而不创作"，就都成了"君子"。而作为"君子"的当今工匠所遵循的古代技艺，必然要有人先创作出来，这样，"创作而不叙述"的古代技艺创作者都成了"小人"，作为"君子"的当今工匠，所遵循的就都成了"小人道"，岂不是悖谬、矛盾？墨家从儒家的论点引出悖谬、矛盾，以驳倒对方，是归谬法的典范运用。《墨经》用墨子概括出的悖概念和归谬法，驳斥当时流行的谬论。

（1）驳"一切言论都是虚假的"悖论。《经下》说："以言为尽悖，悖，说在其言。""言尽悖"，意为"一切言论都是虚假的"。这类似庄子的观点。《庄子·齐物论》说:"是非之途,樊然淆乱,吾恶能知其辩?"又说:"其所言者特未定也。"《至乐》说:"天下是非果未可定也。"这种观点导致相对主义和不可知论。

《墨经》用墨子概括出的悖概念和归谬法,驳斥这种谬论。即说"一切言论都是虚假的",是自相矛盾的,论证这一点的理由在于,"一切言论都是虚假的"本身也是言论。这一论点的自相矛盾,可以用一个正确的推理式推出来:

一切言论都是虚假的,
一切言论都是虚假的是言论,
─────────────

所以,一切言论都是虚假的是虚假的。

《经说下》说:"悖,不可也。之人之言可,是不悖,则是有可也。之人之言不可,以当必不当。"即虚假就是不成立。如果这个人这个言论成立,就是有并不虚假的言论,有成立的言论。而这个推论和假定与原论点构成矛盾。如果这个人这个言论不成立,认为它恰当,就必然不恰当。《墨经》指出论证的关键是"说在其言",即"一切言论是虚假的"中"言论"、"虚假"的概念,涉及自身，自我相关，自我否定。这是颇有启发的对悖论成因的深刻理解。

玄奘翻译印度陈那《因明正理门论》论"自语相违似宗"（自相矛盾的错误论题）的例子是"一切言皆是妄"，与《墨经》所驳斥的"言尽悖"的论点相同。玄奘弟子窥基《因明入正理论疏》卷五解释陈那的观点说："若如汝说，诸言皆妄，则汝所言，称可实事？既非是妄，一分实故，便违有法一切之言。若汝所言自是虚妄，余言不妄，汝今妄说，非妄作妄，汝语自妄，他语不妄，便违宗法言皆是妄，故名自语相违。"这个反驳与《墨经》有相同之处。

亚里士多德也有与《墨经》相似的反驳。亚氏在《形而上学》中说："说一切为假的人就使自己也成为虚假的。""从一切断语都是假的这一主张，也会得出，这话本身也不是真的。"古希腊有"说谎者"的悖论。

克里特岛人爱庇门德说："所有克里特岛人说的话都是谎话。"如果这句话真，由于它也是克里特岛人说的话，则这句话本身也是谎话，即假。如果这句话假，能推出其矛盾命题"有克里特岛人说的话不是谎话"，不能推出这句话真。这是一种非典型的语义悖论，后把"说谎者"悖论表述为"我说的这句话假"，是典型的语义悖论：由真推假，由假推真。《墨经》批评的"言尽悖"论，同爱庇门德的"说谎者"的悖论相似。

悖论是自相矛盾的恒假命题。语义悖论是涉及语言的意义、断定和真假等概念的悖论。中国、印度和西方不同的逻辑传统具有某些相同思考的事实，是对人类思维规律一致性的证明，对"中国古代无逻辑论"的反驳。

（2）驳"非诽"悖论。《公羊传·闵公元年》中记载儒家主张"为尊者讳，为亲者讳，为贤者讳"，《论语·子路》载孔子提倡"父为子隐，子为父隐"。《经说上》批评儒家主张的"圣人有非而不非"（圣人见人有非，不非其非，即不批评其错误）。

墨家认为批评是正常的，应积极提倡。《经上》定义说："诽，明恶也。"诽即非人之非（批评别人的错误）。《经下》说"诽之可否"，"说在可非"，《经说下》说"论诽之可不可以理"，即讨论批评的可否，以是否合乎道理为标准。庄子否定百家言辩，自己又积极言辩，自相矛盾。在这种背景下，《墨经》揭示"非诽"论的自相矛盾，进行归谬反驳。

《经下》说："非诽者悖，说在（诽）弗非。"即主张"一切批评应该反对"的观点自相矛盾，论证的理由在于批评是不应该反对的。《经说下》说："非诽，非己之诽也。不非诽，非可非也。（非）不可非也，是不非诽也。"即如果对方主张"一切批评是应该反对的"，则否定"一切批评是应该反对的"这一批评本身（指出对方自相矛盾）。如果对方不坚持"一切批评是应该反对的"，则有错误就可以批评了。如果有错误不能批评（对方认为批评是一种错误，则批评就不能批评），这也意味着否定"一切批评是应该反对的"（再次指出对方自相矛盾）。

（3）驳"学无益"悖论。"学无益"论是道家的观点。《老子》说："绝学无忧。"学派领头人主张弃绝学问，自相矛盾。《经下》说："学之益也，说在诽者。"《经说下》说："以为不知学之无益也，故告之也，是使知学之无益也，是教也。以学为无益也教，悖。""学无益"论取消学，必然取消教，用"学无益"论教别人，自相矛盾。

（4）驳"知知之否之足用"悖论。《老子》说："知不知，上；不知知，病。"《庄子·齐物论》说："知止其所不知，至矣。"《论语·为政》载孔子说："知之为知之，不知为不知，是知也。"这就是《墨经》批评的"知知之否之足用"（知道自己是知道还是不知道，就够用了）的论点。

墨家主张积极探求知识（特别是自然知识），反对道儒两家对待知识的消极态度，用归谬法反驳其"知知之否之足用"论。《经下》说："'知知之否之足用也'悖，说在无以也。"《经说下》说："论之非知无以也。"即对方论点自相矛盾。因为对方讨论"知知之否之足用"的论题，就是希望人们知道它，人们如果仅仅知道自己不知道，对方肯定认为不够用。

十七　从室外能推室内

——墨家论"说知"

说知的实质

我们已经亲眼看见室外之物的颜色是白的，这是"亲知"。又听别人说室内之物的颜色与室外之物的颜色一样，这是闻知。于是，我们立即推论出室内之物的颜色是白的，这是"说知"（"说知"是推论之知）。《墨经》在这里列举的，是一个由亲知和闻知作为前提推论出新知识的实例。推论的过程排列如下：

亲知：室外之物的颜色是白的。
闻知：室内之物的颜色是室外之物的颜色。

说知：所以，室内之物的颜色是白的。

这里运用的推理形式是：

所有 M 是 P
所有 S 是 M
───────────
所以，所有 S 是 P

或：

MAP
SAM
─────
SAP

这是同亚里士多德三段论相似的演绎推论。墨家所谓"说知"，是超越时间、空间的限制，由已知推出未知的推论之知。这是在感性认识的基础上运用抽象思维获得的理性认识，属于间接知识。

《经下》说："闻所不知若所知，则两知之，说在告。"《经说下》说："在外者，所知也。在室者，所不知也。或曰：'在室者之色若是其色。'是所不知若所知也。犹白若黑也，孰胜？（若即相似、相等。说甲之色若乙之色，只能理解为白若白，黑若黑，决不能荒谬地说白若黑，或黑若白，这样说究竟是黑、是白，就不肯定了）是若其色也，若白者必白。今也知其色之若白也，故知其白也。夫名（概念和推论的知识）以所明（已知前提）正所不知（结论），不以所不知疑所明。若以尺度所不知长。外，亲知也。室中，说知也。"

这是《墨经》中较长的条目，举例阐述了说知与亲知、闻知的关系，指出"说知"（推论之知）的实质，是用已知的前提作为标准去衡量未知的东西，这时未知（结论）就转化为已知，犹如用一根尺子（已知其长度为一尺）去量度还不知其长度的物体。原来不知的物体的长度就转化为已知。

墨家这种论述是意味深长的。在印度逻辑（因明）中，推论之知被称为"比量"，其梵文原文也有标准、尺度和比较、量度的意思，即在一定知识的基础上，由比度推论而获得知识，如从见烟比度推论有火。因明把建立推论的形式称为"立量"。《墨经》说"夫名以所明正所不知，不以所不知疑所明"，意即由已知（所明）作为前提和标准，去衡量、推度未知，不能反过来，由未知去怀疑已知。《墨经》把可知论贯彻到所有认识领域，反对怀疑论、不可知论。后期墨家推崇科学，重视论证，必然承认说知（即推论之知）在认识中的地位和作用。

推理、证明和反驳,《墨经》统称为"说"。《墨经》研究了"说"的实质。《小取》说:"以说出故。""说"的实质,是揭示一个"辞"(推理的结论或论证的论题)之所以成立的理由、根据。

《经下》和《经说下》表达的结构,是"以说出故"形式的运用。它一般是在《经下》先列出论题,然后以"说在某某"的形式简明地标出论题之所以成立的理由,而《经说下》则予以解说和展开说明。

整部《经下》和《经说下》,是由论题、论据和论证组成的科学著作,是表达"说知"(即推论之知)的范例。"说"的本意,是说明和解说。《经上》说:"说,所以明也。"在中国古代逻辑中,"说"是一个专业名词,指广义的推论(包括推理、证明和反驳)。

推论的方式

以"说在某某"的形式标出的理由可以分两类:一类是用个别事例作理由,另一类是用一般概念作理由。

(1)用个别事例表达的理由,同论题之间的关系,是归纳推理。即由个别性的前提,推出一般性的结论。这种推理的特点,是用摆事实的方法进行论证,以达到说服人的目的。作为其推理前提的个别事例,可以是一个,也可以是多个。

如《经下》说:"不知其所处不害爱之,说在丧子者。"这是从"父母丢失了儿子,虽不知儿子现在住在哪里,不妨碍爱他"这一个别事例,推出"不知道某人的住处,不妨碍爱他"的一般结论。

又如《经下》说:"所知而弗能指,说在春也,逃臣、狗犬、遗者。"这里列举四个事例:①春死了,不能指着说。②逃亡的奴仆,不知道他现在哪里,不能指着说。③不知狗犬的意思,不能指着说。④丢掉的东西,无法重现,不能指着说。然后由这四个事例,推出"有些所知的东西,不能用手指着说"的一般结论。

在认识个别事例必然联系的基础上,可以正确地获得一般知识。这是典型分析式的归纳推理。分析一部蒸汽机,可以从中得出热能转化为动能的一般道理。《墨经》中普遍应用典型分析式的归纳推理。在《大取》中,用"其类在"的形式来论证,如"凡兴利,除害也,其类在漏壅(筑堤防、堵溃漏)"。"凡兴利,除害也"是一般命题,"其类在漏壅",是举出一个典型事例。这类例题,具有公式:所有S是P,其类在S_1。

"所有S是P"是一个一般论点,S_1是S的一个同类(或相似)的事例。这种推论形式是典型分析式的科学归纳推理。又如《大取》说:"'不为己'之可学也,其类在猎走。"即忘我为天下的精神是可以学到的,犹如竞走是可以学到的一样。这是列举相似事例作为论据,以证明一般论点,属于类比推理。《大取》还列举其他许多例题:

> 故浸淫之辞,其类在鼓栗。
> 圣人也为天下也,其类在于追迷。
> 或寿或卒,其利天下也相若,其类在誉名。
> 一日而百万生,爱不加厚,其类在恶害。
> 爱二世有厚薄,而爱二世相若,其类在蛇纹。
> 爱之相若,择而杀其一人,其类在坑下之鼠。
> 小仁与大仁行厚相若,其类在田。
> 厚亲不称行而顾行,其类在江上井。
> 爱人非为誉也,其类在逆旅。
> 爱人之亲,若爱其亲,其类在官巫。
> 兼爱相若,一爱相若,一爱相若,其类在死蛇。

以上例题的大意如下:

淫辞和诡辩,如果不加以克服,也会逐渐发挥作用。这犹如鼓风冶铁,可以逐渐使矿石熔融。

圣人为治天下而殚精竭虑,这犹如父母为解答迷惑而费尽心机。

人的寿命或长或短,都同样可以做对天下有利的事。

这就像人的寿命有长有短，都同样可以有名誉一样。

假如臧这个人死了，而天下人会受到危害，我就应当以万倍的努力来供养臧，那是为了天下人的利益而这样做（自然，这样做，我爱臧一个人的感情，并没有加厚一万倍）。这就如同给天下带来害处的事，应该千方百计予以革除一样。

爱人口稠密地区的人，和爱人口稀少地区的人一样；爱过去的人、未来的人，和爱现在的人一样。虽然在实际利益上有厚有薄，但在兼爱之心这一点上是相同的。这就好像是两蛇交互运行的花纹，纠缠为一，不辨厚薄一样。

普遍地、无差别地爱世人，并不妨碍选择害群的恶人而杀之。这犹如杀死穴中的害鼠一样，应该毫不留情。

小仁爱和大仁爱，在物质利益上有所不同，但在仁爱之心这一点上是相同的。这就好像大田和小田，虽然收获有所不同，但都可以尽其地利一样。

厚待自己的亲属，不是一味称道其行为，而要看其行为是否合乎义的标准。这就像凿井于江边，不需考虑水源的多寡，而是要考虑是否合用。

实行爱人，不是为了别人称誉自己。这就像开办客舍，是为了接待客人，而不是为了别人称誉自己一样。

爱别人的亲属，要像爱自己的亲属一样。这犹如对待公家的事情，要像对待自己的事情一样。

一切人应该普遍地爱一切人。这个命题不能拆开,说成爱这一个人相等,爱那一个人相等。这就像一条活蛇被砍成几段,会变成死蛇。

《大取》列举的推论例题,多是广义的类比推理。类比推理的性质,近于归纳,是简单的、初步的归纳推理。在这些推论例题中,贯穿了墨家的学术观点,如兼爱学说、利他主义的人生观、价值观和功利主义等。《大取》列举这些推论例题的目的,是为了对门徒进行逻辑思维的训练,同时也宣传墨家的学术思想。墨家的逻辑思想,渗透着墨家的学术思想倾向。逻辑学是墨家论证、推广其学术思想的工具。

(2)**用一般概念表达的理由,同论题之间的关系,是演绎推理**。即由一般性的前提,推出个别性的结论。这种推理的特点,是用讲道理的方法进行论证,以达到说服人的目的。作为其推论前提的用一般概念表达的理由,类似亚里士多德三段论的中项,它的含义展开,就是演绎推理的大、小前提。

由于演绎推理中大、小前提揭示了结论主、谓项(即小项和大项)同中项的一般联系,所以结论就如抽丝一样,必然被引申出来。如《经下》说:"行修以久,说在先后。"《经说下》说:"行者必先近而后远。远近修也,先后久也。民行修必以久也。"其中包含着如下推论:

凡先走近后走远是要花费时间的。
老百姓走一定长度的路程是先走近后走远。

所以，老百姓走一定长度的路程是要花费时间的。

又如《经下》说："无欲恶之为益损也，说在宜。"《经说下》说："或者欲有不能伤也，若酒之于人也。"其中包含着如下推论：

凡有节制满足欲望的人是不会伤生损寿的。
适量喝酒是有节制地满足欲望。

所以，适量喝酒是不会伤生损寿的。

以上两个推论所运用的推理形式是：

所有 M 是 P
所有 S 是 M

所以，所有 S 是 P

或：

MAP
SAM
———
SAP

也是同亚里士多德三段论相似的演绎推论。《墨经》中这种讲道理式的演绎推论也为数不少。

推论方式

墨家从当时的辩论中总结出几种特殊的推论方式,如今用西方逻辑的概念和方法来加以分析,可以看出其中包含着十分有趣的逻辑智慧。

第一种,譬:譬喻式的类比推论。《小取》对"譬"的定义是"举他物而以明之也",即列举另一事物来说明这一事物。这相当于类比推论。《小取》定义了"譬"式推论的连接词:"是犹谓也者,同也。""吾岂谓也者,异也。""是犹谓"(或"譬"、"若"),是论证两个事物的相同、相似,意味着譬式推论的建立。"吾岂谓"(或"不若"),是论证两个事物的不同,意味着对譬式推论的反驳。

"譬"兼有修辞学上的譬喻(比喻)和逻辑学上的类

比两种功能。诸子百家都极善于用"譬"说话。刘向《说苑·善说》篇记载魏惠王的相、著名辩者惠施"善譬"的故事。有人为魏王设计策，叫惠施讨论问题时不要用譬喻，惠施回答时，偏偏用一个譬喻，说明不用譬喻就不能说话，并且给譬喻下了一个很好的定义："夫说者固以其所知，喻其所不知，而使人知之。"（即说话的人，本来就应该用已经知道的，来譬喻还不知道的，而使人知道。）于是魏王不得不答应以后惠施仍然可以用譬喻说话。这很典型地表现了辩者用譬式推论来辩论的技巧。其他如孟子、庄子、尹文子、公孙龙子、荀子、韩非子和吕不韦等，都擅长使用譬式推论。而开设譬风气之先的，是战国初期的墨子。墨子几乎言必有譬，如：

《非攻下》："今天下之诸侯，将犹多皆免攻伐并兼，则是有誉义之名，而不察其实也。此譬犹盲者之与人，同命白黑之名，而不能分其物也。"

《节葬下》："以此（厚葬久丧）求富，此譬犹禁耕而求获也。""以此（厚葬久丧）求众，譬犹使人负剑而求其寿也，众之说无可得焉。"

《贵义》："世之君子，欲其义之成，而助之修其身则愠，是犹欲其墙之成，而人助之筑则愠也，岂不悖哉？"

《公孟》:"执无鬼而学祭礼,是犹无客而学客礼也,是犹无鱼而为鱼罟(网)也"。

在上述数例中,"此譬犹"("譬犹")、"是犹",是譬喻推论的连接词。这些议论,可分为三部分:从修辞学上说,有本体和喻体。从推理上说,有前提和结论。从论证上说,有论据和论题。这些譬式推论,得出了举此明彼,以浅喻深,以易喻难,由已知到未知的认识。以上是属于"是犹谓"式的譬式推论的建立。

以下是"吾岂谓"式的对譬式推论反驳的事例:有一次,墨子讲了许多关于"兼爱"好处的话,其论敌"天下之士君子"说:"您的兼爱说好是好,就是实行不了。譬如挈泰山越过河济(黄河、济水)实行不了一样。"

墨子说:"您这是譬喻不当(是非其譬也),兼爱说古代的圣王曾经实行过。而挈泰山越河济,却从来没有人实行过。"墨子这时可以说:"吾谓兼爱之说能行,吾岂谓挈泰山越河济之说能行乎?"通过"吾岂谓"式的反驳,将对方譬喻中前提与结论(或论据与论题、喻体与本体)两者之间的不同之处揭示出来,证明对方的譬喻不伦不类,从而驳倒对方。

《墨经》擅长说理(讲道理),但也常以"若"、"犹"等连接词携带譬喻。其中少量为修辞学上的比喻,更多的除比喻的修辞意义外，还兼有类比推论的意义。如《经说下》批评论敌（告子一派）"仁内义外"的论点说："其谓仁，内也。义，外也，举爱与所利也，是狂举也。若左目出，右目入。"其中"若左目出，右目入"是修辞学上的比喻。又如《经说下》说："夫名以所明正所不知，不以所不知疑所明。若以尺度所不知长。"这里"若以尺度所不知长"，既是修辞学上的比喻，也是逻辑学上的类比。

《墨经》中许多以"若"、"犹"联结的事项，已丧失了比喻或类比的意义，而只是一般命题（定义、定律）的典型事例。典型事例同一般命题之间的关系，是归纳的关系，即从个别事例中引出一般命题。如《经说上》说："小故：有之不必然，无之必不然。体也。若尺有端。大故：有之必然，无之必不然，若见之成见也。"又如《经上》说："体，分于兼也。"《经说上》说："若二之一、尺之端也。"

此类例子，在《墨经》中很多，几乎俯拾即是，足见《墨经》作者有浓厚的重事实、重归纳的科学精神。这是墨子譬喻（类比）思想的发展。因为有"举他物而以明之"的譬式推论，自然会扩展为"举事而明理"（列举一个或多个事实，以证明一般道理）的归纳推理。

第二种，侔：不同语言表达式的类比推论。《小取》

说："侔也者，比辞而俱行也。"孙诒让注说："侔，齐等也。谓辞义齐等，比而同之。"《庄子·大宗师》旧注说，"侔者，等也，同也"，"亦从也"。

从"侔"的本义和"比辞而俱行"的定义看来，"侔"就是根据某种语言表达式进行类比推论。《小取》所提供的据以为推的语言表达式，有"是而然"、"是而不然"、"不是而然"、"一周而一不周"和"一是而一非"五种。同时，《小取》中还列举了大量同类事例，作为推论的示范。

（1）"是而然"（前提肯定，结论也肯定）的"侔"。

白马，马也；乘白马，乘马也。骊马，马也；乘骊马，乘马也。获，人也；爱获，爱人也。臧，人也；爱臧，爱人也。此乃是而然者也。

意思是：白马是马，乘白马是乘马。骊马是马，乘骊马是乘马。获是人，爱获是爱人。臧是人，爱臧是爱人。这是属于"是而然"（前提肯定，结论也肯定）的情况。"是而然"的"侔"，是在肯定前提主、谓项前各加一个表示关系的动词，从而得到一个肯定的结论。其公式是：

$$A = B$$
$$CA = CB$$

如：

> 黑马是马。
> 乘黑马是乘马。

又如：

> 获是人。
> 爱获是爱人。

这是由一般到个别的演绎推理，推理形式有必然性。前提中肯定黑马是马，结论中必然可以肯定乘黑马是乘马。前提中肯定获是人，结论中必然可以肯定爱获是爱人。史籍传说公孙龙子乘白马过关，向守关人诡辩说，因为他乘的是白马，所以乘的不是马，这是多么荒谬的结论！

（2）是而不然（前提肯定，结论否定）的"侔"。

> 获之亲，人也；获事其亲，非事人也。其娣（指妹妹），美人也；爱娣，非爱美人也。车，木也；乘车，非乘木也。船，木也；入船，非入木也。盗，人也；多盗，非多人也；无盗，非无人也。奚以明之？

恶多盗，非恶多人也；欲无盗，非欲无人也。世相与共是之。若若是，则虽"盗，人也；爱盗，非爱人也；不爱盗，非不爱人也；杀盗，非杀人也"无难矣。此与彼同类，世有彼而不自非也，墨者有此而非之，无他故焉：所谓内胶外闭，与心无空乎内，胶而不解也。此乃是而不然者也。

这是说获的父母是人，获侍奉她的父母不能说是"侍奉人"（指做别人的奴仆）。她的妹妹是美人，她爱妹妹不能说是"爱美人"（指爱美色）。车是木头做的，乘车不能说是"乘木头"（指乘一根未加工的木头）。船是木头做的，入船不能说是"入木"（指进入木头）。强盗是人，但某地强盗多，不能简单地说"某地人多"；某地没有强盗，也不能简单地说"某地没有人"。怎么知道这一点呢？讨厌某地强盗多，并不是讨厌某地人多；想让某地没有强盗，并不是想让某地没有人。世上的人大家都赞成这一点。如果是这样的话，那么我们说"强盗是人，爱强盗却不能说是'爱人'，不爱强盗不能说是'不爱人'，杀强盗也不能简单地说是'杀人'（指杀好人，犯杀人罪）"，就也应该是没有困难的。后者和前者属于同类，世人赞成前者而不自以为不对，墨家的人主张后者却要加以反对，没有其他的原因：这就是所说的"内心胶结，对外封闭，听不进去不同意见"，与"心里边没有留下一点空隙，胶结而解不开"的缘故。这是属于"是而不然"（前提肯定，结论否定）的情况。

"是而不然"的"侔"，是在肯定前提主、谓项前，各加同样的词项后构成的结论，却是否定的。这是由于在前提主、谓项前，各加同样词项后组成的新词项，转化为不同的意义，发生了"行而异，转而诡，远而失，流而离本"的问题。如车是木，乘车不能说是乘木（乘未加工的原木）。船是木，入船不能说是入木（进棺材）。获的父母是人，获侍奉父母，不能说是"事人"（做别人的奴仆）。获的妹妹是美人，获爱妹妹，不能说是"爱美人"（好色）。爱妹妹与爱美人是两种不同的感情。其公式是：

$$A = B$$
$$CA \neq CB$$

墨家"杀盗非杀人"的命题，是在特定意义上说的。在正当防卫的条件下，杀无恶不赦的强盗，不是通常意义下的"杀人"（杀好人，犯杀人罪）。这是通过大量同类事例合理类推出来的结论。这是墨家用心总结"是而不然"的"侔"式推论的政治用意。

但是在生理意义上，杀强盗是杀了作为强盗的人，不能说是杀了除人之外的其他动物。在这种意义上，荀子批评墨家"杀盗非杀人"是"惑于用名以乱名"（用杀强盗这种特殊的人，来搞乱杀一般人的概念）的错误，也有一定道理。

综合以上两种意义来看，墨家的论证有强辩（牵强附会，强词夺理）或诡辩的意味。诡辩论者通常是抓住某一方面的道理，而不顾其他，所谓"知其一，不知其二"，顾这头不顾那头。

墨家在整体上是讲逻辑、反诡辩的，但在"杀盗非杀人"的辩论中，也染上了某些诡辩的色彩。这是令人遗憾的，但这也显示出历史的真实性和生动性。荀子只从生理意义上批评墨家"杀盗非杀人"的辩论是诡辩，而不谈墨家议论中政治伦理的特殊含义，是从一个极端反对另一个极端，同样没有反映全面的真理。

（3）不是而然（前提否定，结论肯定）的"侔"。

读书，非书也；好读书，好书也。斗鸡，非鸡也；好斗鸡，好鸡也。且入井，非入井也；止且入井，止入井也。且出门，非出门也；止且出门，止出门也。若若是："且夭，非夭也；寿且夭，寿夭也。有命，非命也；非执有命，非命也。"无难矣。此与彼同类，世有彼而不自非也，墨者有此而非之，无他故焉：所谓内胶外闭，与心无空乎内，胶而不解也。此乃不是而然者也。

"读书"不等于"书"，"好读书"却等于"好书"。"斗鸡"不等于"鸡"，"好斗鸡"却等于"好鸡"。"将要入井"不等于"入井"，阻止"将要入井"却等于阻止"入井"。"将要出门"不等于"出门"，阻止"将要出门"却等于阻止"出门"。如果是这样的话，那么我们说"'将要夭折'不等于'夭折'，阻止'将要夭折'却等于阻止'夭折'（即采取措施使"将要夭折"的人有寿，却是真的把"夭折"的人转变为长寿）。儒家主张'有命'论，不等于真的有'命'这东西存在；墨家'非执有命'，却等于'非命'（即墨家反对儒家坚持有命的论点，却等于实实在在地否定"命"的存在）"，就也应该是没有困难的。后者和前者属于同类，世人赞成前者而不自以为不对，墨家的人主张后者却要加以反对，没有其他的原因：这就是所说的"内心胶结，对外封闭，听不进去不同意见"，与"心里边没有留下一点空隙，胶结而解不开"的缘故。这是属于"不是而然"（前提否定，而结论肯定）的情况。

"不是而然"的"侔"，其前提是否定的，结论是肯定的，所以叫"不是而然"。其公式是：

$$A \neq B$$
$$CA = CB$$

如：

"读书"不是"书"。"好读书"是"好书"。

"斗鸡"不是"鸡"。"好斗鸡"是"好鸡"。

"将要入井"不是"入井"。阻止"将要入井"是阻止"入井"。

"将要出门"不是"出门"。阻止"将要出门"是阻止"出门"。

"将要夭折"不是"夭折"。阻止"将要夭折"是阻止"夭折"。

"有命"不是"命"。"非执有命"是"非命"。

最后一例的意思是，儒家宣扬"有命"论，不等于真的有"命"存在。墨家反对儒家坚持"有命"论，则是确实否定"命"的存在（《墨子》有《非命》一篇，论证"非命"，即否定命的存在的命题）。墨家用大量日常生活中的事例类比说明当时百家争鸣中的争论问题，论证自己的学说，驳斥论敌的言论。可见墨家总结"不是而然"的"侔"，其政治用意是反对儒家的宿命论，解决当时学派争论的问题。百家争鸣促进中国古代逻辑的诞生，中国古代逻辑的诞生，反过来又促进百家争鸣中所提出问题的解决。

（4）一周而一不周（一种说法周遍，一种说法不周遍）的"侔"。

> 爱人，待周爱人而后谓爱人；不爱人，不待周不爱人：失周爱，因谓不爱人矣。乘马，不待周乘马，然后为乘马也：有乘于马，因为乘马矣。逮至不乘马，待周不乘马，而后谓不乘马。此一周而一不周者也。

意思是说"爱人"，必须普遍爱了所有的人才可以说是"爱人"；说"不爱人"，不等于不爱所有的人。没有做到普遍地爱所有的人，因此就可以说是"不爱人"了。说"乘马"，不等于乘过所有的马才算是"乘马"。至少乘过一匹马，就可以说是"乘马"了。但是说到"不乘马"，要不乘所有的马，才可以说是"不乘马"。这是属于"一周而一不周"（一种说法普遍，一种说法不普遍）的情况。

"一周而一不周",是分析一个语言构造AB,有时A(动作或关系)周遍于B的各个分子,有时则不然。墨家列举以下四个例子:

①"爱人"一词"周"。即必须"爱"所有的人,连一个人也不遗漏。这是阐述墨家最终的政治伦理理想的标准,与有些人(如强盗)不可爱的现实状况无关。

②"不爱人"一词"不周"。即"不爱人"不要求不爱所有的人才算是"不爱人",只要不爱任意一个人,就算是"不爱人"。

③"乘马"一词"不周"。即"乘马"不要求乘遍了所有的马才算是"乘马",只要乘了任意一匹马,就算是"乘马"。

④"不乘马"一词"周"。即"不乘马"要求不乘任何一匹马,才算是"不乘马"。

这里的"周",就"乘马"和"不乘马"这种日常生活的例子而言,约略地相当于形式逻辑所说的"周延"。按照形式逻辑的规则,"我是乘马的","乘马的"一词不周延,只要乘了一匹马,就可以说"我是乘马的"。而"我不是乘马的","乘马的"一词周延,即必须不乘所有的马,才可以说"我不是乘马的"。

这里的"周",就"爱人"和"不爱人"这种涉及墨家特殊政治伦理理想的例子而言,不相当于逻辑所说的

"周延"。按照逻辑的规则,"我是爱人的","爱人的"一词不周延,只要爱一个人,就可以说"我是爱人的"。而"我不是爱人的","爱人的"一词周延,即必须不爱所有的人,才可以说"我不是爱人的"。而这正好与墨家的说法相反。

这种矛盾情况,从逻辑的最新发展来看,可以有一种解释,即逻辑有不同的分支,不同的领域。通常逻辑所讲的领域,是事实、现实、真值的领域。而墨家说的"爱人要求周遍"、"不爱人不要求周遍",说的是政治伦理理想、道德义务(简称道义)的领域,与事实、现实、真值的领域无关。

(5)一是而一非(一种说法成立,一种说法不成立)的"侔"。

居于国,则谓居国;有一宅于国,而不谓有国。桃之实,桃也;棘之实,非棘也。问人之病,问人也;恶人之病,非恶人也。之马之目眇,则为"之马眇";之马之目大,而不谓"之马大"。之牛之毛黄,则谓"之牛黄";之牛之毛众,而不谓"之牛众"。一马,马也。二马,马也。"马四足"者,一马而四足也,非两马而四足也;"马或白"者,二马而或白也，非一马而或白。此乃一是而一非也。

这是说居住在某一国内，可以简称为"居国"；有一住宅在某一国内，却不能简称为"有国"。桃树的果实称为"桃"，棘树的果实却不能称为"棘"（称为枣）。探问别人的疾病可以简称为"探问人"，讨厌别人的疾病却不能简称为"讨厌人"。这匹马的眼睛瞎，可以简称为"这匹马瞎"；这匹马的眼睛大，却不能简称为"这匹马大"。这头牛的毛黄，可以简称为"这牛黄"；这头牛的毛众（指牛毛长得茂密），却不能简称为"这牛众"（"牛众"是指牛的头数多）。一匹马是马，两匹马是马，说"马四足"，是指一匹马有四足，不是指两匹马有四足；但是说"马或白"（指有的马是白的），却是在至少有两匹马的情况下才可以这样说，如果在只有一匹马的情况下就不能这样说。这是属于"一是而一非"（一种说法成立，一种说法不成立）的情况。

"一是而一非"，是说有两个语句结构 $f(x)$ 和 $g(x)$，当用 A 代入其中的 x 时，二者等值。当用 B 代入其中的 x 时，二者不等值。即：

$$f(A) = g(A)$$

$$f(B) \neq g(B)$$

如"居于国",可以简称为"居国"(居住在一个国家里)。而"有一宅于国",却不能简称为"有国"(领有一个国家)。桃树的果实叫"桃",棘(酸枣)树的果实却不叫"棘"。"问人之病"是"问人","恶人之病"却不是"恶人"(讨厌人)。这个马的眼睛瞎,可以叫"这马瞎"。这个马的眼睛大,却不能叫"这马大"。这个牛的毛黄,可以叫"这牛黄"。这个牛的毛众(浓密),却不能叫"这牛众"(个数多)。"马四足"中的马,指一匹马。"马或白"(有马白)中的马,指两匹以上。兹将五种不同形式"侔"式推论的公式,列表对照如下:

不同形式的"侔"式推论	公式
是而然	A = B, CA = CB
是而不然	A = B, CA ≠ CB
不是而然	A ≠ B, CA = CB
一周而一不周	AB一语,有时A遍及B各分子,有时则否
一是而一非	$f(A) = g(A); f(B) \neq g(B)$

《小取》要求注意事物和语言的复杂性、多样性,准确地使用概念、判断进行推论,不然会出现谬误和诡辩。

由于墨家逻辑是百家争鸣的武器和辩论的工具,所以

《小取》用较多篇幅讨论谬误问题，这从一个侧面表现了墨家逻辑的应用性、实践性和批判性。

第三种，援：以对方主张为前提的类比推论。《小取》定义说："援也者，曰：'子然，我奚独不可以然也？'"援是援引对方主张，作为类比推论的前提，以引申出自己同样的主张。如在上文"是而不然"和"不是而然"两种侔式推论中，墨家都说了这样的话："此与彼同类，世有彼而不自非也，墨者有此而非之。"这是援式类比推论的运用。就"是而不然"的侔式推论说，有下列两种主张：

"彼"：盗，人也；爱盗，非爱人也。
"此"：盗，人也；杀盗，非杀人也。

这里"此与彼同类"，对方赞同"彼"，却不赞同"此"，这不符合"以类取"和"有诸己不非诸人"的原则，所以可以援引对方的主张"爱盗非爱人"作为前提（论据），来类比论证自己同类的主张"杀盗非杀人"。因为"爱人"中的"人"是指"盗"之外的人，"杀人"中的"人"也指"盗"之外的人，根据"以类取"和"有诸己不非诸人"的原则（即同一律、矛盾律），对方就不应该反对我这样推论，并且应该接受我的结论。

同样，就"是而不然"的侔式推论说，有下列两种主张：

"彼"：且入井，非入井也；止且入井，止入井也。

"此"：且夭，非夭也；寿且夭，寿夭也。

你若赞成"彼"，我就可以援引你所赞成的"彼"来类比论证我所赞成的"此"。因为这也是根据"此与彼同类"。你可以赞成"彼"，我为什么不可以赞成"此"呢？这就是"援"的定义中所说的："你可以那样，我为什么偏偏不能那样呢？"

"援"是以同一律、矛盾律为根据的很有用的辩论方式，它也曾经为当时其他学派的思想家所广泛采用。如公孙龙子在辩论中对援式推论就运用得非常娴熟。宗奉孔子的儒者孔穿（孔子六世孙）受众人委托，专程到赵国跟公孙龙子辩论，公孙龙子援引孔子赞同的"楚人异于人"的命题，类比论证自己"白马异于马"的命题，驳得孔穿"无以应"。这就是由于公孙龙子巧妙地运用援式推论来进行辩论的结果。

第四种，推：归谬式的类比推论。墨子的运用和总结。墨子在论辩中常用归谬式类比推理，并总结出"不知类"、"知小不知大"、"明小不明大"等惯用语，表明对方议论中的自相矛盾。如《公输》载墨子引公输般说"吾义固不杀人"，他却帮楚国造云梯打宋国，杀害了宋国众多百姓,墨子批评他"义不杀少而杀众,不可谓知类"。《尚贤》载墨子批评"王公大人",对杀牛羊、制衣裳、医病马、修危弓等小事,知道尚贤使能,对治国的大事,反而不知道尚贤使能,是"明小不明大"。

《墨经》的运用和总结。《小取》说:"此与彼同类,世有彼而不自非也,墨者有此而非之。"这是揭示对方自相矛盾,运用归谬式的类比推理。《墨经》对归谬式类比推理做出理论总结,制定定义和规则。

《小取》说:"推也者,以其所不取之,同于其所取者,予之也。""推"是归谬式类比推理。其具体内容是,对方赞成"彼"命题,不赞成"此"命题,我则向对方证明"此与彼同类",如果对方仍不赞成"此"命题,则陷于自相矛盾,从而用逻辑的力量迫使对方赞成"此"命题。

其规则是"以类取,以类予"和"有诸己不非诸人,无诸己不求诸人",体现了形式逻辑的同一律、矛盾律。这种论辩方式,是归谬法和类比推理的结合,含有演绎和归纳的成分,有必然性和很强的说服力,并且生动、形象,富有感染力,是百家争鸣的得力工具,行之有效,故为各家各派所喜用、常用。

诸子百家的普遍运用。儒家代表孟子,在政治、学术观点上激烈反对墨子,在归谬式类比推理等辩论方式上却与墨子的观点酷似。如《孟子·告子上》说:"指不若人,则知恶之，心不若人，则不知恶，此谓不知类也。"鲁胜《墨辩注序》正确地指出："孟子非墨子，其辩言正辞则与墨同。"

道家代表庄子，"剽剥（攻击）儒墨"，辩论方式也用归谬式类比推理。如《庄子·胠箧》篇说："彼窃钩者诛，窃国者为诸侯。"这是极简明的归谬式类比推理。钩（带钩）小，国大，窃钩的人要杀头，窃国的人却当诸侯，这不是明显的矛盾、悖理吗？司马迁把它简化为"窃钩者诛，窃国者侯"，更为简明。

名家代表公孙龙，在辩论中娴熟地运用归谬式类比推理，如《公孙龙子·迹府》篇载公孙龙与孔子六世孙孔穿辩论说："夫是仲尼异楚人于所谓人，而非龙异白马于所谓马，悖。"

杂家代表吕不韦主编《吕氏春秋·听言》篇说："今人曰：'某氏多货，其室培湿，守狗死，其势可穴也。'则必非之矣。曰：'某国饥，其城郭庳，其守具寡，可袭而篡之。'则不非之：乃不知类矣。"这都与墨子的归谬式类比推理毫无二致。

墨子之后的诸子百家，政治、学术观点与墨子千差万别，但在运用归谬式类比推理方式上却都与墨子一致，这一方面说明墨子论辩方式对各家的影响，另一方面说明逻辑工具和方法的通约性。

第五种，止：用反面事例驳斥全称命题的推论。《经上》说："止，因以别道。"《经说上》说："彼举然者，以为此其然也，则举不然者而问之。若'圣人有非而不非'。"《经下》说："止，类以行之，说在同。"《经说下》说："彼以此其然也，说是其然也。我以此其不然也，疑是其然也。"《经上》说："法异则观其宜。"《经说上》说："取此择彼，问故观宜。以'人之有黑者'、'有不黑者也'，止'黑人'，与以'有爱于人'、'有不爱于人'，止'爱人'，是孰宜？"

"止"是用反面事例驳斥全称命题的推论。"止"在物理学意义上指停止，在逻辑学意义上指反驳（止住、不许他那样说）。"因以"即用来，"别"指分别、限制，"道"指一般性道理，通常用全称命题表示。对方列举一些正面事例（彼举然者）想当然地推出不正确的全称命题（以为此其然也，轻率概括），这时我列举反面事例，加以反驳（则举不然者而问之）。例如儒家列举若干个别事例，得出"所有圣人都不批评别人的错误"（圣人有非而不非）的结论，我就列举反面事例（如墨子是圣人，并且墨子批评别人错误，所以有圣人批评别人错误），进而推出"并非所有圣人都不批评别人的错误"的结论。

"止"的规则，是同类相推（类以行之）。因为我所举出的反例必须跟对方命题确属同类，才能针锋相对，驳倒对方。如对方列举若干正面事例，说甲是黑的，乙是黑的，而甲、乙是人，所以所有人都是黑的。我则举出反例说，丙是白的，丁是白的，而丙、丁是人，所以有人是白的（即有人不是黑的），进而推出"并非所有人都是黑的"。这里，拿"有人不是黑的"作为"止"式推论的前提（论据，即"故"），反驳"所有人都是黑的"是合适（宜）的、有效的，因为这个前提（论据、故）和被反驳的论题都是关于同类事物（即关于人的皮肤颜色的）。

反之，不同类不能相推（异类不比）。如墨家主张"兼爱"，即一切人应该爱一切人。这是墨家最高的道德理想，并不是立刻要在现实生活中一个不漏地爱每一个人。有的人（如侵略者，强盗等"暴人"）就不能被爱，而应该讨厌（恶），为了正当防卫，可以诛杀。所以不能用"现实有人不被人爱"（有不爱于人）作"止"式推论的前提（论据，即"故"），反驳"一切人应该爱一切人"的最高理想。如果这样来构造"止"式推论，是不合适的、无效的。

用"有人不是黑的"反驳"所有人是黑的"，跟用"有人不被人爱"（现实）来反驳"一切人应该爱一切人"（理想），这两个"止"式推论的形式不同（法异），所以就有一合适（宜）、一不合适，即一"中效"（有效）、一"不中效"（非有效）的不同。从推论规则和思维规律来看，前一个"止"符合同类相推的规则和同一律，后一个"止"则不符合。

《墨经》关于"止"式推论的规定，跟西方逻辑所讲的道理是一致的。《经说下》所谓"彼以此其然也，说是其然也。我以此其不然也，疑是其然也"的说法，跟西方逻辑的思想也很合拍。"彼以此其然也，说是其然也"，是指对方根据其已归纳出的全称命题演绎推论出个别结论（是其然），我则用反例的概括（此其不然）来怀疑对方的个别结论。

如对方推论说："因为所有人是黑的，而张某是人，所以，张某是黑的。"我则用"并非所有人是黑的"（即有人不是黑的），怀疑"张某是黑的"。这里"疑"字用得很准。因为当演绎推理的大前提不真时，结论并非必然假，而是可能假、可能真的。一个"疑"字，道出了对方推论的或然性、非必然性、可疑性，即对方推论非有效。

当时的阴阳五行家，用简单枚举归纳推理，从日常观察中列举若干正面事例，得出"火克金、金克木、木克土、土克水、水克火"等所谓"五行常胜"的形而上学公式。《墨经》列举反例，证明可以有"金克火"等相反情况，从而归纳出"五行无常胜"的辩证公式，并具体分析了一种元素之所以能克胜另一种元素，并不是由某种先验的公式决定，而是由它在某种具体情况下占了优势的缘故。

例如《经说下》说:"火铄金,火多也;金靡炭,金多也。"在某种情况下,火焰之所以能销铄金属,是由于火焰占优势。在另一种情况下,金属之所以能压灭炭火,是由于金属占优势。一切以环境和条件为转移,"若识麋与鱼之数惟所利",犹如某山麋鹿多,某渊鱼鳖盛,都是由于环境和条件对其有利的缘故。

孔子曾经称颂过的少连,首倡"欲恶伤生损寿"之说。《庄子·德充符》说:"不以好恶内伤其身。"这是禁欲主义的倾向。而笼统地认为满足一切欲望都是有益的,对欲恶毫无节制,则有害而无益。如喜欢吃各种新鲜食物,就吃得很多,而不知贪吃伤身。这是纵欲主义的倾向。《墨经》反对禁欲和纵欲两种片面性,主张合适、有节制地满足欲望,认为这样不会伤生损寿,反而对身体有益。如适量喝酒不会伤生损寿,反而有益于健康。

《经下》说:"无欲恶之为益损也,说在宜。"《经说下》说:"'欲恶伤生损寿',说以少连。是唯爱也,尝多粟。或者欲有不能伤也,若酒之于人也。""饱者去余,适足不害,能害饱,若伤麋之瘭脾也。""欲恶伤生损寿"之说,也可举若干正面事例,即简单枚举归纳。墨家举出反例(适量喝酒不会伤生损寿)即可予以驳斥。

《论语·里仁》记载,孔子主张"以礼让为国"。《学而》记载,他的学生子贡说:"夫子温良恭俭让以得之。"人生处事,必要的礼让是对的。但若把这一点夸大,说"所有事情都是要让的",墨家认为"不可"。例如宴请宾客,喝酒可以让,但酤酒(买酒)让人,却于理不合,所以《经下》说:"'无不让也',不可,说在酤。"《经说下》说:"让者酒,未让酤也,不可让也,若酤于城门与于臧也(如果要到城门内买酒,则指派家中仆人去,不能让宾客去)。"

在"止"式推论中,结合了归纳和演绎两种方法,其中用反例驳斥对方全称命题的方式,相当于西方逻辑中以特称肯定命题真,论证否定命题假,或以特称否定命题真,论证全称肯定命题假的对当关系直接推论。这是一种很有力的论证工具。墨家在当时百家争鸣中运用"止"式推论驳斥论敌,证明自己的学说,取得了很大成功。

第六种,擢:典型分析式的归纳推论。《经下》说:"擢虑不疑,说在有无。"《经说下》说:"疑无谓也。臧也今死,而春也得之,之死也可。"《说文》:"擢,引也。"擢即从个别事例中抽出一般规律的思考,这相当于典型分析式的归纳推论。而抽出的一般规律,是否令人坚信不疑,关键就在于这事例中是否确实存在此种必然联系。《经说上》说:"必也者可勿疑。"必然性是事物不可避免的趋势,怀疑是没有根据的。如在当时条件下,臧得某种病死了，而春感染了这病，就可以得出她也会死的结论。

典型分析式的归纳推论，可以用"S是P，其类在S_1"的形式来表示。如《大取》说："凡兴利，除害也，其类在漏壅。"即凡是办对人民有利的事，必然包含着除害的因素，如筑堤防、兴修水利，即包含防止水患、堵河水之溃漏。"S是P"为一般命题，"其类在某某"是列举出其所由以引出的典型事例。这里所谓"类"，即代表本质或一般情况的个别事例，即典型。"S是P，其类在S_1"的表达式，跟因明中的"所有制造出来的东西都是非永恒的，如瓶"、"凡有烟处必有火，如厨房"等相似。

《大取》的"S是P，其类在S_1"，到《经下》则一律被规范化为"S是P，说在S_1"之类的形式。"S是P"代表一般定律，S_1代表这一定律所由以抽出的典型事例。其中"说在"字样，意味着一般定律的事实证明、事实证据。《墨经》中此种用例颇多。

如《经下》说："知而不以五路，说在久。"即有的知识不是通过五官得来，典型事例是时间概念。《经下》说："宇进无近远，说在步。"即宇宙无限大，无所谓绝对的远近距离，只有相对的远近距离，典型事例是人走路：某人在某处开步走，这才谈得上相对于他走路起点的远近距离。

《经下》说："一法者之相与也尽类，若方之相合也，说在方。"即跟一般标准（法则）相合的，都归为一类，典型事例是跟方（内角为90°）相合的，都属"方"类。《经下》说："倚者不可正，说在梯。"即斜面的特点，是与地面不垂直，典型事例是车梯（带轮子的梯子，可搬运重物或登梯爬高）。《墨经》的这类表达，向我们展示了其科学思想的产生、一般规律的概括，实肇端于对典型事例的精细观察和分析。

第七种，诺：讲授科学知识的问答法。《经上》说："诺，不一，利用。"《经说上》说："相从、相去、先知、是、可。五色、长短、前后、轻重援。"《经上》说："正无非。"《经说上》说："五诺，皆人于知。有说，过五诺，若'圆元直'。无说，用五诺，若自然矣。"

"诺"是讲授科学知识的问答法。"诺"的本意，是答应。《说文》："诺，应也。"这里用来表示问答法的论证方式。墨家讲授科学知识时，常运用讨论式、问答式。这里所说的五种问答方式，在墨家集团中已非常熟悉，尽人皆知。然而在实际教学中，不必对任何问题都要一一用遍五种"诺"，而要看情况灵活运用。

"相从"的诺，是以先前约定的条件和当前的断定为根据，而引出其所蕴含的结论。"相从"即跟随一定前提而推出。如先前师生共同约定"如果有甲则有乙"，现在老师又指明"有甲"，则学生可跟着指出"有乙"。从

"民行修必以久"和"民行修"可推出"必以久"。这是"相从"的诺，其实质是充分条件假言推理肯定前件式的凝缩。

"相去"的诺，是以先前已知的各种可能和当前存在的事实为根据，而排除其他可能。"相去"即根据一定前提而舍弃。如从"时或有久或无久"和"始当无久"推出"始非有久"。这是"相去"的诺，其实质是选言推理肯定否定式的凝缩。

"先知"的诺，是通过问答启发学生回忆起先前的已知。如为证明"圆无直"（圆周上没有任意三点同在一条直线上）的定理，需用到"直，参也"（同在一直线上的三点，有一点恰好介于其余两点之间）的定理，老师就可以提出："我们已经证明'直，参也'，是吗？"学生答："是的，我们已经证明过。"这是"先知"的诺，其实质是从已有知识储存中抽出命题，作为当前推论的前提。

"是"的诺，即通过问答启发学生确定一个讨论的主体。"是"的本意为指示代词"此"、"这（这个）"。如老师在上军事器械课时提问："何者为连弩车之仪（瞄准器）？"学生指着实物答："此也。"这样师生就有了共同的讨论对象。此即"是"的诺，其实质是用一个实指定义来确定一个论断的主项。

"可"的诺，是通过问答让学生认可、许可、赞同一个论断。如教师问:"圆心到圆周距离都相等,对吗?"学生答:"对,都相等。"这是"可"的诺,其实质是确认一个断定。

"五色、长短、前后、轻重",是教师在运用"五诺"方式传授科学知识时可能讨论到的实例。如《经说上》所谓"尺(直线)前于区(平面),而后于端(点)",《经说下》说杠杆"相衡则本短标长"。滑轮在工作时,"长重者下,短轻者上",车梯在安放重物时,"悬重于其前"才能保证整体平衡等内容,都可以运用"五诺"方式来讲授。

"正"是一套已经过证明为确实可靠的科学理论,不包含错误。而在讲授时,如果还需要向听众证明,那么可以一一通过"五诺"的方式。例如向学生讲授"圆无直"(圆周上没有任意三点同在一直线上)时就是这样。如果不需要向听众证明,那么运用"五诺"方式的一部分,则讲授的内容就像是自然为大家所承认似的。

运用问答法传授科学技术,便于调动学生学习和思维的积极性,学会利用已有知识,经过逻辑推论,自行得出结论。这是启发式、讨论式的教学方法,比只是老师一人讲、学生被动听的效果更好。以上譬、侔、援、推、止、擢和诺等"说"的方式,被墨家从当时辩论和科学研究中总结出来,反过来又被应用于辩论与科学研究,并在其中显示了巨大威力。

十八　闻战而推的误区
——墨家谈推论

听到战斗消息,能推出儿子死了吗?《墨经》分析了这个问题,从中引出推理论证的原理。《经下》说:"无说而惧,说在弗必。"《经说下》说:"子在军,不必其死生;闻战,亦不必其死生。前也不惧,今也惧。"即没有经过充分论证而恐惧,是没有道理的,论证的理由在于其结论没有必然性。儿子在军队上,不能必然推出他的死生。听到战斗的消息,同样不能必然推出他的死生。平时不恐惧,战时却恐惧。这样的事例,促使墨家思考和总结推理论证的原理。什么样的推论具有必然性呢?《大取》做出如下总结:

> 语经。语经也。三物必具,然后足以生。夫辞以故生,以理长,以类行者也。立辞而不明于其所生,妄也。今人非道无所行,虽有强股肱,而不明于道,其困也,可立而待也。夫辞以类行者也。立辞而不明于其类,则必困矣。

"语经",即思维表达的基本规律。清末注释家孙诒让说:"语经者,言语之常经也。"即语经是语言表达的恒常规律。墨家认为推论的原理,有"以故生"、"以理长"、"以类行"三方面。

辞以故生:充足理由

"辞以故生",即结论的得出有充足理由,前提正确。结论的得出缺乏充足理由,会犯虚妄不实的逻辑错误。《小取》说:"以说出故。"推理论证的实质,就是揭示一个结论或论题的理由。"辞以故生",即一个结论或论题(辞)凭借充足理由而产生。这相当于西方传统逻辑中的充足理由律。建立一个结论或论题,如果不明确充分理由,叫作"妄"(虚妄),所以说:"立辞而不明于其所生,妄也。"

作为充分条件的"故",具有必然推出一个结论或论题的性质。《经说上》说:"湿,故也,必待所为之成也。"如说:"因为天下雨了,所以地湿了。""天下雨"的原因和条件,可以必然推出"地湿"的结果。作为充分必要条件的"故"(兼因),具有"有之必然,无之必不然"的必然性。

如说:"由于不具备见物的各种条件,所以不能见物。"而作为必要条件的"故"(体因),就"无之必不然"，或"非彼必不有"，也具有必然性。如"只有对象在眼前，才能看见它"，可以改说为："因为对象没有在眼前，所以我不能看见它。"这是把必要条件的表达式改写为充分条件的表达式，其必然性就很显然了。分析事物的条件和因果关系，列出一个结论或论题之所以成立的充足理由，是推理论证的任务。如果能做到这一点，一个结论或论题的成立就具有必然性，毋庸置疑。所以《经说上》说，"非彼必不有"，"必也者可勿疑"。

《经说上》说："取此择彼，问故观宜。"这是指给一个结论或论题提供充足理由。提供充分的理由，使之能够推出一个结论或论题，则推论成立。提供的理由，不能必然推出一个结论或论题，则推论不成立。

如说："因为有人不是黑的，所以，并非所有人是黑的。"这个推论成立。因为"有人不是黑的"，是一个符合事实的特称否定命题（O命题）。根据命题对当关系的规律，O命题与A命题（全称肯定命题）是矛盾关系，O命题真，则A命题假。"有人不是黑的"真，则"所有人是黑的"假。

辞以理长：形式有效

"辞以理长"，即结论得出过程顺理成章，推理形式正确。推论过程不顺理成章，会犯"推不出"的逻辑错误。所谓形式有效，即推论形式正确，推论过程符合已经证明为真的形式、法式、方法、方式。

《大取》用"道"（人走的路）来比喻"理"，说："今人非道无所行，虽有强股肱，而不明于道，其困也，可立而待也。"人走路，不知道在哪里，途经哪里可以达到目的地，那么即使腿脚强劲，也无济于事，会立刻碰到困难。今人以"道理"连用，表示条理、规律之意。

《墨经》中，道理、方法、法则、效法等词，可以互相解释。《大取》以"故、理、类"三范畴相提并论，《小取》以"故、方、类"三概念相提并论，说明"理"（道理）与"方"（方法）可以互相替换。

《经上》说："法，所若而然也。"法则是遵循着它，就可以得到一个预期结果的东西。如用"圆，一中同长也"的法则，用"规写交"（用圆规画闭曲线）的方式可以画出标准的圆形。

《小取》说："效者，为之法也。所效者，所以为之法也。故中效，则是也，不中效，则非也。此效也。""效"就是提供标准的法式、形式、方法、方式，以作为效法、模仿的对象。这种效法、模仿，即通常所谓"套公式"。在数学计算和逻辑推演中，套公式是正常的、基本的操作。正确地套公式，就是进行正确的演绎推理。

如《经说下》所说"彼止于彼"、"此止于此"和"彼此止于彼此",就是一组公式,它们表示任意的元素概念和集合概念的同一律。套用这组公式于具体场合,如"牛"、"马"和"牛马",就得到"牛止于牛"、"马止于马"、"牛马止于牛马"(即牛是牛、马是马、牛马是牛马)的正确结果。把这个套公式的过程用推理形式表达出来,即:

元素概念和集合概念都是分别等于自身的。
牛、马和牛马是元素概念和集合概念。
_____

所以,牛、马和牛马都是分别等于自身的。

这一推论符合《经说下》所说的"以此其然也,说是其然也",即从一般前提演绎出个别结论,相当于"所有M是P,所有S是M,所以,所有S是P"的推理形式。所以符合《大取》说的"辞以理长",符合《小取》说的"中效",即形式有效。

但是,如果据以套用的公式本身有错误,那么所得的结果就是可疑的。这时套公式的过程,即演绎推理的形式,就是非有效(不中效)的。如《大取》说:"知是室之有盗也,不尽恶是室也。知其一人之盗,不尽恶是二人;虽其一人之盗,苟不知其所在,尽恶其非也。"

以"这个房子里的人"为论域，做以下推理："有人是可憎恶的强盗，所以，所有人是可憎恶的强盗。"这显然是非有效的。因为可以说"体，分于兼也"，不能倒过来说"兼分于体也"，即可以说"部分从整体分出"，不能倒过来说"整体从部分分出"。

《经下》说："荆之大，其沈浅也，说在有。"《经说下》说："沈，荆之有也。则沈浅非荆浅也。若易五之一。"相比较而言，楚国大，为楚国所领有的沈县小。若从"沈县小"的前提推出"楚国小"的结论，是非有效的。因为其所遵循的道理、方法、法式，是从对部分的断定推出对全体的断定，所以是不能成立的。这就像用一元钱去交换五元钱一样，是荒谬、悖理的。

《大取》谈到"强"（牵强论证，强词夺理）的逻辑错误。如公孙龙子说，见物需要依靠眼睛和光线，而光线并不是见物的器官，所以眼睛也不是见物的器官，于是由此推出"目不见"的论题。这是推不出来而强推，不合乎"辞以理长"的推论原则，即不合乎充足理由律，推论形式非有效。

辞以类行：同类相推

"辞以类行"，即结论得出过程须符合事物类别关系。

推论过程不符合事物类别关系，也会犯"推不出"的逻辑错误。

类是由事物性质所决定的同和异的界限与范围。《经说上》说："有以同，类同也。"说："不有同，不类也。"墨家所谓"辞以类行"，即指同类才能相推的规则。认为建立一个结论或论题，如果混淆事物类别，会立即碰到困难（立辞而不明于其类，则必困矣）。

《小取》提出"以类取，以类予"，即寻找例证进行证明、反驳，要符合事物同异的类别。据《非攻上》、《天志下》和《鲁问》记载，墨子用盗窃行为的不义，类比大国掠夺小国的行为不义，因为这两种行为同类有共同点，都是不劳而获（"不以其劳获其实，以非其所有而取"），应该受到谴责。

当时的好攻伐之君，用"昔者禹征有苗、汤伐桀、武王伐纣，此皆立为圣王"的事例，来为自己的攻伐掠夺行为辩护，墨子认为这是混淆事物类别，不符合同类相推的规则，所以批评对方说："子未察吾言之类，未明其故也，彼非所谓攻，谓诛（诛讨）也。"

关于譬式推论，墨家认为用来类比的他物，必须跟被比的此物有较大程度的相似性，否则为不伦不类。如《兼爱下》记载，当时"天下之士君子"批评墨子说："您的兼爱论好是好，就是实行不了。实行兼爱，就像挈泰山越过黄河、济水一样难。"

墨子反驳说:"是非其譬也。夫挈泰山而越河济,可谓毕劲有力矣,自古及今未有能行之者也。况乎兼相爱、交相利,则与此异,古者圣王行之。"即指出对方譬喻不当,违反同类相推的规律。

墨家规定"异类不比"的原则。《经下》说:"异类不比,说在量。"《经说下》说:"木与夜孰长?智与粟孰多?爵、亲、行、价四者孰贵?"如果把本质不同的事物,硬要根据某种表面的相似而进行类比,就像提出这样的问题:木头和夜间哪一个更长?智慧和粮食哪一个更多?爵位、亲属、德行、价格哪一个更贵?这些问题显然是荒谬的。

《小取》论譬、侔、援、推的谬误说:"夫物有以同,而不率遂同。辞之侔也,有所至而正。其然也,有所以然也;其然也同,其所以然不必同。其取之也,有所以取之;其取之也同,其所以取之不必同。是故譬、侔、援、推之辞,行而异,转而诡,远而失,流而离本,则不可不审也,不可常用也。故言多方、殊类、异故,则不可偏观也。"即事物有相同之处,并不因此就完全相同。词句的类似比较(侔),在一定范围内是正确的。事物的现象或结果,有其形成的原因。其现象或结果相同,形成的原因不一定相同。赞成某一论点,有其赞成的理由。双方都赞成某一论点,但他们赞成的理由不一定相同。

所以，譬、侔、援、推的词句无类比附会混淆差异，辗转列举会发生诡辩，生拉硬扯会失去本义，牵强推论会离开根据，于是就不能不慎重，也不能到处搬用。所以对言论多方面的道理、特殊的类别和不同的缘故，不能片面观察。

如有一次，楚王带着随从去云梦泽打猎，丢失了名贵的弓，左右的人要替他寻找，楚王说："不要找了，楚人丢了弓，楚人拾到了，还找什么呢？"孔子听到了说："楚王仁义的胸怀还不够大，应该说人丢了弓，人拾到了，为什么一定要说楚人呢？"公孙龙在跟孔子六世孙孔穿辩论时，将孔子曾说过的"楚人异于人"的话作为根据，类比论证自己"白马异于马"的论点，把孔穿驳得无言以对。其实，照《小取》的说法，这正是："其然也同，其所以然不必同。""其取之也同，其所以取之不必同。"

孔子取"楚人异于人"的论点，是说人的外延比楚人大，应该放眼于人，不应该只是着眼于楚人。公孙龙子取"白马异于马"的论点，是为了偷梁换柱，将其偷换为"白马非马"的诡辩论题。而孔子并没有论证"楚人非人"的企图。显然，公孙龙子在"援"和"推"的论式中，违反同类相推的规则，犯了异类相推的逻辑错误。

在"止"式推论中，《墨经》规定了"类以行之"的规则，这是同类相推规则在"止"式推论中的应用。《墨经》主张，在推理中分清类的界限和范围，并且要举出正确的根据来论证类的区别，否则即为"狂举"（胡乱列举）。

《经下》说："推类之难，说在之大小、物尽、同名。"《经说下》说："谓四足，兽与？并鸟与？物尽与？大小也。此然是必然，则俱为麋：同名。"明确类的界限和范围，是保证推论有效性的关键。而类关系的混淆，则导致推论的谬误。

例如仅仅根据"四足"的性质或类，还不能立即断定是"兽"。因为两鸟并立，也是"四足"。一说"四足"，就立即说是"兽"，这也是"兽"，那也是"兽"，天下动物都成了"兽"，甚至都成了"麋"（麋鹿，又称四不像，中国特产动物。《墨经》中常以麋为例，可见当时中国大地上麋鹿之繁盛），或者万事万物都用一个"麋"来称呼，"麋"成了"达名"，这岂不是荒谬？《墨经》用归谬法说明在推论中掌握类与性质关系的复杂、繁难，以及谬误和诡辩产生的根源。

《经下》中说："狂举不可以知异，说在有不可。"《经说下》说："牛与马虽异，以牛有齿、马有尾，说牛之非马也，不可。是俱有，不偏有偏无有。曰'牛与马不类'，用牛有角、马无角，以是为类之不同也。若不举牛有角、马无角，以是为类之不同也，是狂举也，犹牛有齿、马有尾。"

《经下》说:"仁义之为内外也,悖,说在仵颜。"《经说下》说:"仁,爱也。义,利也。爱利,此也。所爱所利,彼也。爱、利不相为内外,所爱、所利亦不相为外内。其谓:'仁,内也。义,外也。'举爱与所利也,是狂举也。若左目出、右目入。"

在分析事物类的关系时,应该找到事物的特有属性或本质属性,即这一类事物都有(偏有)、其他事物都没有的性质(偏无有),而不能胡乱地列举足以混淆事物类别的性质的例子。例如要把牛和马区别开来,说牛是有角类,马是无角类,因为牛确实都有角,而马都无角,这能够表明牛、马类的不同。如果以"牛有牙齿"和"马有尾巴"为根据,论证牛与马不同类,即为"狂举"(乱举)。因为牙齿和尾巴均为牛与马所共有(俱有),不是一有一无(偏有偏无有)。

又如告子立一个论题:"仁是主观的,义是客观的。"墨家认为,这也是"狂举"和悖谬之论。墨家认为,仁、义都既有主观一面,又有客观一面。告子是乱举仁的主观一面和义的客观一面来加以比较,而分出"内外",这是逻辑上的混乱,犹如说"左眼睛管输出形象,右眼睛管输入形象"一样荒谬。

遵守以上"以故生"、"以理长"、"以类行"三个原则,结论就能必然推出。如从"儿子在军队上"和"听到战斗的消息",推不出"儿子必死"。而从"室外之物的颜色是白的"和"室内之物的颜色是室外之物的颜色",必然可以推出"室内之物的颜色是白的"。

墨家结合中国古代语言和辩论的特点,精研了逻辑学的概念论、命题论、推理论、规律论和谬误论等各方面的问题,提出了系统全面的逻辑学说,把中国古代逻辑的研究推向了高峰。墨家逻辑即墨辩,是可与西方亚里士多德逻辑和古印度因明相媲美的体系。其基本形式和规律是一致的、互通的。这说明逻辑是全人类的共同工具,逻辑理论是全人类的共同财富,并非为某个民族所专有,也不能说中国人遵守着跟其他民族不同的逻辑。

墨家的推理论,没有如亚里士多德一样展开三段论的形式系统,没有如因明的"宗、因、喻"之类的论式与众多的"过"类。墨家的推理论,对类比推论的研究超出西方和印度逻辑,墨家逻辑是在当时百家争鸣、辩论中有用和够用的工具。但是,古汉语表达尚简,量词和联项常省略,不利于研究命题和推理的结构。

中国古人常以改善政治伦理、探求治国方术为第一要务,缺乏钻研形式系统的兴趣。总之,《墨经》逻辑是丰富的宝藏,过去研究不够,使它沉埋千年,无人知晓。近代有识之士认识到墨家逻辑是中国传统文化中的瑰宝,值得认真研究、继承与发扬。

十九　世上树叶论同异
——墨家谈方法

世界上有两片完全相同的树叶吗？对这个问题的回答，有一个著名的故事：近代德国哲学家莱布尼茨（1646—1716），有一次在德国宫廷讲解他的相异律："凡物莫不相异。"或者说："天地间没有两个彼此完全相同之物。"于是，宫廷中的卫士和宫女们纷纷走入皇家花园，四处寻找两片完全没有差别的树叶，想要以此为根据，推翻这位哲学家所提出的观点。他们这种意图不可能实现，因为世界上本来没有两片完全相同的树叶。世上所有事物都是既相同，又相异，同异既有区别，又有联系和转化。

同异交得：同异互相依存和同时把握

事物的同异关系复杂多样。怎样看待和处理事物的同异关系，曾引起许多哲人冥思苦索、争论辩驳，产生许多诡辩。《墨经》作者总结和超越战国时期诸子百家的不同见解，提出"同异交得"的辩证命题，认为事物的同和异两面，是互相依存、互相渗透的，正确思维的方法，应该同时把握事物的同和异两面，才能避免片面性谬误，全面认识真理。

（1）用异来定义同，把握异中之同。认识的任务，不仅在于能看出显而易见的同与异，还要更进一层，能看出异中之同和同中之异。《经上》说："同，异而俱于之一也。"即同是相异的事物，都具有这共同的方面。这是用异来规定同。《经说上》举例说："二人而俱见是楹也，若事君。"即两个人都观察同一根柱子，或不同的人共同侍奉一个君主，这都是异中之同。

《墨经》列举了多种同。《经上》说："同：重、体、合、类。"《经说上》解释说："二名一实，重同也。不外于兼，体同也。俱处于室，合同也。有以同，类同也。"《大取》说："小圆之圆与大圆之圆同。长人之与短人同，其貌同者也，故同。杨木之木与桃木之木也同。"两个名称指谓同一实体，这叫重同，如墨子和墨家学派创始人。

同一个整体的不同组成部分，叫体同。如齐、鲁同属中国。不同个体处于同一空间，叫合同。如二人同在一个教室上课。两个事物有相同之处，叫类同。如白马、黄马都是马类，小圆与大圆都是圆类，高个子的人与矮个子的人都是人类，杨木与桃木都是木类。类同是事物性质、本质的相同。

《墨经》还谈到"法同"。《经上》说:"法同则观其同。"《经说上》说:"法取同,观巧传。"法即标准、方法、规律。"法"也就是事物存在与发展的所以然之"故"或"理"。在代代相传的各种手工业技巧中,可以观察到许多"同法"的例子。如大圆、小圆都符合"一中同长"(一个圆心,等长半径)的"法",都可用圆规来绘制图形。小方、大方都符合"柱、隅四杂"(四边四角相等)的"法",都可以用矩尺来绘制。

从相异的事物中观察同类(相同本质)和同法(相同规律),是认识的重要任务。《经上》中记录有上百条定义和分类是墨家观察同"类"的例子。《经下》中的定理是墨家观察同"法"的例子。墨家总结的异中求同的观察方法在《墨经》中有模范的应用。

(2)用同来定义异,把握同中之异。《大取》说:"有其异也,为其同也;为其同也异。"即事物有其相异之处,恰恰在于其有相同之处。所有的相异,都生长在相同的根基上。一切实际存在的都是物,"实"(实体)和"物"(事物)两个概念的外延一样大。

《经说上》说:"物,达也(外延最大的概念),有实必待之名也命之。"惠施认为"万物毕同毕异",即万物都是相同的,又都是不同的。万物在都是客观实在这一点上，确实是相同的。"万物毕同"是指世界的物质统一性。"万物毕异"是指物质分化的多样性。例如世界上没有两片完全相同的树叶。

《墨经》区分多种异。《经上》说："异：二、不体、不合、不类。"《经说上》解释说："二必异，二也。不连属，不体也。不同所，不合也。不有同，不类也。"两个个体必然相异，这叫"二必异"。推广来说，即惠施说的"万物毕异"。

《墨经》的"二必异"命题跟莱布尼茨的"相异律"（凡物莫不相异，天地间没有两个彼此完全相同之物）非常相似。不在一个整体之内的两个组成部分，叫"不体之异"。如甲的左手和乙的右手。不在一个空间之内，叫"不合之异"。如二人在不同教室上课。两个事物在某些方面没有相同点，叫"不类之异"。"不类之异"，是事物性质、本质的不同。

《墨经》还谈到"法异"。《经上》说："法异则观其宜。"《经说上》说："取此择彼，问故观宜。"即如果两种场合规律不同，那就要看应用哪种规律合适。《小取》说："其然也，有所以然也。其然也同，其所以然不必同。""夫言多方（方即法、理）、殊类、异故，则不可偏观也。"这里要求人的观察与思考要撇开表面的相同，而深入把握其不同的本质和规律。

（3）同异交得：同和异的相互渗透和同时把握。《经上》说："同异交得仿有无。"《经说上》列举"有无"等许多例子加以解释："于富家良知，有无也。比度，多少也。蛇蚓旋圆，去就也。鸟折用桐，坚柔也。剑犹甲，死生也。处室子、子母，长少也。两色交胜，白黑也。中央，旁也。论行、行行、学实，是非也。鸡宿，成未也。兄弟，俱适也。身处志往，存亡也。霍，为姓故也。价宜，贵贱也。"

"同异交得"，即同和异兼得，即同中见异，异中见同，同一性和差异性二者相互渗透和同时把握。兼和交是一个意思。墨子常说"兼相爱、交相利"。兼即兼顾、兼有、合取。交即交互、交错、交叉、渗透。得即得到、占有、把握。根据《墨经》列举的许多例子来看，同异交得即相异的性质，共处于同一事物之身，或任一物分裂为两种不同（乃至对立）的性质。这是辩证法对立统一规律的另一种恰当表述。

《墨经》所举的许多例子，反映了墨家对事物辩证性质的深刻观察和思考：一个人家中富有，但缺乏良好的知识素养。或者一个人穷得身无分文，却具备良好的知识素养。这是"有无"这两种对立性质共存于一人之身。

一数跟不同的数比较度量，可以既多且少。如齐国疆域比宋国和鲁国大，而比楚国和越国小，这是既多且少之一例。蛇和蚯蚓的运动方式，可以既去（离开）且就（接近)。鸟儿折取梧桐树枝筑窝,这树枝必须既坚且柔:不坚固不足承重,不柔韧不利编织。利剑的作用,在于消灭敌人。铠甲的作用,在于保存自己。只有消灭敌人,才能保存自己。所以,利剑有类似于铠甲的作用:既可致敌"死",又可保己"生"。这是"死生"两种对立性质共存于一剑之身。

一位妇女,比她女儿长一辈,但比她妈妈低一辈。这是"长低"两种对立性质共存于一人之身。一物的颜色比另一物白一些,但比第三物黑一些。这是"黑白"两种对立性质共存于一物之身。

一个区域的"中央",可以是另一个区域的"旁"边。一圆的中心,可以位于另一圆的周边。这是"中央"和"旁"这两种对立性质共存于一空间之点。言论与行动,行动与行动,学问与实际,可以既有是又有非。自以为是者的错误,在于没有同时"自以为非"。

老母鸡孵雏,一定有雏鸡既成又未成的一个特殊阶段。小雏鸡即将破壳而出,而又未出壳之时,可以说它是"成"和"未成"的对立统一。兄弟三人中的老二,说他是"兄"或"弟"都合适。这是"兄弟"两种对立性质共存于一人之身。

一个人身体处在这里,而思想(志)却跑往别处去了,这是"存亡"两种对立性质共存于一人之身。如《孟子·告子上》记载，某人向奕秋学下棋，而他的心却想着跑出去用弓箭射天鹅。又如《吕氏春秋·审为》和《庄子·让王》记载，"身在江海之上，心居乎魏阙之下"。

古代"霍"字，可以指鹤，也可以指一个人的姓。光说"霍"，不知是指鹤，还是指一个人。这是由于鹤又被兼用作姓氏的缘故。一词多义现象，也是对立统一的例子。

一个合适的价钱，必是对卖者足够"贵"的，而对买者足够"贱"的。这是"贵贱"两种对立性质共存于一种价钱之身。《墨经》论证论题，常用举例证明的方式，但大多是只举一两个实例。这里为了证明"同异交得"论题的真实性，列举了十几个例子，这在整部《墨经》中都很少见。这十几个例子，是墨家在教学中经常提到的。

为方便记忆，《经上》以"同异交得仿有无"七字概括。"仿"原作"放"，是"仿"（模仿、例如）的假借字。《法仪》篇"放依以从事"之"放"，亦为"仿"之假借字，意为仿照着做事。"仿"可以翻译为"例如"，即"有无"乃"同异交得"的一个典型例子，仿照着"有无"，连类而及，还有许多例子跟在后边。这里所用的证明方法，是典型事例的归纳法。

墨家总结出"同异交得"辩证思维规律，并有许多重要的应用：

① "任"是能和不能的同异交得。《经下》说："不能

而不害，说在容（容貌，指耳目等器官）。"《经说下》说："举重不举针，非力之任也。为握者之奇偶，非智之任也。若耳、目。"人的职务、责任只能专注于某项业务，而不能事事精通，样样会干。如大力士力大如牛，能举千钧之重，却不会举针绣花，因为举针绣花并不是大力士的能力范围。数学家善于精打细算，却不善于巧言争辩，因为巧言争辩并不是数学家的职分。犹如耳的作用在于听，目的作用在于视。耳不能视，不妨碍其听。目不能听，不妨碍其视。

人不能干某件事，并不妨碍他能干另一件事。"任"（职责、责任）是能和不能的对立统一。能和不能这两种相异的性质共集于一"任"之身，也是"同异交得"的一例。

②"勇"是敢和不敢的同异交得。《经上》说："勇，志之所以敢也。"《经说上》说："以其敢于是也命之，不以其不敢于彼也害之。"勇是人的意志敢于做某件事情，但有所敢必有所不敢。设某人敢于上山搏虎，算勇敢，但不敢于下海拯溺，不妨害其敢于搏虎之勇。敢和不敢这相异的性质，共集于一人之身，就构成勇，这正是同异交得的一例。墨家对勇的定义，恰当地把握了这一概念的辩证本性，能给人们以深刻的启迪。

③"是久与是不久同说。""是久与是不久同说"为"同异交得"的另一例。"久"与"不久"为相异的两种

性质，这两种性质又统一于同一个"是"，这就是"同异交得"。"是"即此，这个在《墨经》中充当变项，犹如"甲"或英文符号"S"，它可以代入任一事物或概念，如一棵树、一粒种子等。

"久"指时间的延续，意味着事物或概念质的相对稳定性。"不久"指这种稳定性的界限，即质变，指一事物性质改变，变为别的事物，即《经说下》另一条所说的"知是之非此也"。任何事物或概念，不论其存在时间的长短，都是"久"与"不久"的统一。如一棵树生长了五十年，五十年后被加工为栋梁，那么在这五十年之内，就是"久"。而就其变为栋梁而言，又是"不久"。一粒种子存放了一年，这是"久"。一年后种在地里，长成庄稼，这是"不久"。

《经说下》把这种现象做了高度抽象概括："是不是，则是且是焉。今是久于是，而不于是，故是不久。是不久，则是而亦久焉。今是不久于是，而久于是，故是久与是不久同说也。"即由"是"变为"不是"，但这个"是"，在未变之前，还是"是"。

现在这个"是"，作为"是"，已经存在很久了，而变为"不是"。所以，这个"是"，又是"不久"。虽然这个"是"，是"不久"，但它毕竟已存在了一段时间，所以，这个"是"，又是"久"。现在这个"是"，既

"不久于是"，又"久于是"，因而，可以说是"久"与"不久"的对立统一，也就是"同异交得"的一例。这是中国古代杰出的辩证逻辑思想。

就有的事物而言，现在是"是"，将来还是"是"。就另一些事物而言，现在是"是"，将来不是"是"（或是"不是"）。但就这两种情况现阶段质的相对稳定性而言，它们是同样的（即都是"是"），没有区别。《经下》概括为："是是之是与是不是之是同，说在不殊。"

《墨经》的议论，是对庄子相对主义诡辩论的反驳。《庄子·齐物论》说："物无非彼，物无非是。自彼则不见，自知则知之。故曰：彼出于是，是亦因彼。彼是，方生之说也。虽然，方生方死，方死方生。方可方不可，方不可方可。因是因非，因非因是。是以圣人不由，而照之于天，亦因是也。是亦彼也，彼亦是也。彼亦一是非，此亦一是非。"这是以事物的运动变化为借口，得出否定事物质的相对稳定性的诡辩结论。《墨经》的论述，从思维方法论上驳倒了庄子的诡辩。

④"坚白相盈。"在战国时期，坚白之辩与同异之辩齐名。二者在先秦著作中常常并提，见于《庄子·秋水》和《荀子·修身》、《儒效》、《礼论》等。在这个辩论中，公孙龙用形而上学和唯心主义的诡辩论证"坚白相离"。《墨经》用"同异交得"的辩证法和唯物主义的世界观论

证"坚白相盈",驳斥了公孙龙子的诡辩。

《经上》说:"坚白,不相外也。"《经说上》说:"于石无所住而不得二(指坚白)。异处不相盈,相非是相外也。"《经上》说:"盈,莫不有也。"《经说下》说:"抚坚得白,必相盈也。"

《经下》说:"于一有知焉,有不知焉,说在存。"《经说下》说:"石,一也。坚白,二也,而在石。故有知焉,有不知焉,可。"《经下》说:"不可偏去而二,说在见与不见、俱一与二、广与修。"《经说下》说:"见、不见离;一、二不相盈;广修、坚白相盈。"《经上》说:"撄,相得也。"《经说上》说:"坚白之撄相尽。"

墨家认为,坚、白这两种相异的性质,在同一块石头中是互相渗透、包含和联系着的,而不是互相排斥、分离和割裂的。这也是"同异交得"一典型事例。《大取》还用打碎一块石头的办法来加以证明:"苟是石也白,败是石也,尽与白同。"白是如此,坚亦可类推。把一块坚白石打碎,每一小块都兼有坚、白两种性质。公孙龙子"坚白相离"的形而上学、唯心主义奇想,是不符合实际的。

两而勿偏:思考全面性

《经说上》说:"权者两而勿偏。"即权衡思考,要兼顾事物的矛盾两面，而不要只顾及一面。也就是提倡两点论、全面性，而反对一点论、片面性。"权"指权衡思考。"两"指事物矛盾两面。"偏"指部分、一面。《经说上》说："偏也者，兼之体也。"《经上》说："体，分于兼也。"《墨经》中表示整体、全面的范畴有兼、二、尽、俱等，表示部分、一面的范畴有体、特、或、偏等。

《大取》说："于所体之中而权轻重之谓权。权非为是也，亦非为非也。权，正也。断指以存腕。利之中取大，害之中取小也。害之中取小也，非取害也，取利也。其所取者，人之所执也。遇盗人，而断指以免身，利也。其遇盗人，害也。利之中取大，非不得已也。害之中取小，不得已也。于所未有而取焉，是利之中取大也。于所既有而弃焉，是害之中取小也。"

衡量利害得失的轻重大小，以决定取舍的方法叫作权。权本身不等于是，也不等于非。权是建立一个标准（正），以便用来进行衡量和取舍。如在迫不得已的情况下，舍弃一个指头以保全生命，即今天所谓"牺牲局部，以保存整体"的策略。

两利相权取其大，两害相权取其轻。所谓"害之中取轻"，从一定意义上说，是"取害"。而从另一意义上来说，则是"取利"。如"断掉一个指头"和"丢掉性命"都是害。但两害相权，取其轻，相比之下，"断掉一个指头"的害处小，"丢掉性命"的害处大。有时在不得已的情况下，被迫承受"断掉一个指头"的害处，而得到保全性命的利益，是可取的。

"取"即选择采纳。"利之中取大"有未来性和主动争取性。"害之中取小"有现实性和被迫承受性。而获取哪个利，舍弃哪个害，需要全面权衡和决断。墨家从大量经验中概括出利害全面权衡取舍的辩证思维方法论。

《小取》论述譬、侔、援、推各种推理形式的有限应用和易犯的错误，指出其"不可常用"，并由言论的"多方、殊类、异故"，而"不可偏观"。《经上》和《经说上》指出利害相权时应该"两而勿偏"，即看到利害两面，而不要只看到一面。于是《大取》中全面权衡利害两面的辩证思维方法论就应运而生了。

墨子及其后学熟悉当时手工业和商业活动的特点，精通防御战和守城战斗中的战略和策略，主张为民兴利除害，所以精密思考了"利中取大，害中取小"和利害相互转化的哲理以及利害相互权衡的逻辑。

《墨子·贵义》说："商人之四方，市价倍蓰，虽有关梁之难，盗贼之危，必为之。"小国小城的人民，在遇到大国十万大军压境时，为了最大限度地保存自己和最大限度地消灭敌人，有时须采取牺牲局部以保全整体的策略（如撤退、转移、坚壁清野等）。这些在《墨子》中有详细的记载，而《大取》对此做了逻辑原则的概括。

尧善治古不能治今：历史进化

《经下》说："察诸其所然、未然者，说在于是推之。"《经说下》说："尧善治，自今察诸古也。自古察之今，则尧不能治也。"这里把尧治理国家这件事作为一个典型来加以分析，认为"尧善治"这个命题的真实性依赖于所说的时代。如果说的是尧时的古代，则这个命题是对的。如果说的是现代（墨家所在的"现代"），则这个命题不对，并且这时应该用反命题"尧不能治"来取而代之。

"所然"指过去和现在已发生的事。"未然"指将来尚未发生的事。《墨经》认为在审察已发生和未发生的事时，可以从"尧善治古不能治今"这个命题类推而知。依此例类推，舜、禹、汤、文、武等古代圣王都是"善治古而不能治今"。这是历史进化论的观念。

《经上》说："化，征易也。"变化就是特征、性质改变，即质变。墨家认为古今异时，性质不同，今天的事情比古代复杂，所以尧善治古不能治今。《经下》说："尧之义也，声（语言、名称）于今而处于古（指称古代的实），而异时，说在所义二（古之义不同于今之义）。"《经说下》说："尧之义也，是声也于今，所义之实处于古。"

由于古今情况不同,所以像"尧是仁义的"这样的命题也有历史性、相对性。今天说"尧是仁义的",所指谓的实际情况是处于古代。古今是不同的时代,古代的"仁义"不同于今天的"仁义"。墨家认为概念、命题有历史性,其真实性以历史情况为转移。

《经下》说:"或过名也,说在实。"《经说下》说:"知是之非此也,又知是之不在此也,然而谓此南北,过而以已为然。始也谓此南方,故今也谓此南方。"即名称以实际情况为转移。实际情况变化了,名称依旧,有时就会犯错误。

"过名"就是名称有过错。如知道事物性质已经改变,或空间位置已经改变,仍根据"过去怎样,现在还是怎样"的经验主义错误逻辑说话、想问题,必然陷于谬误。如过去住在赵都邯郸,说"郑国在南方"。现在住在楚都郢,还说"郑国在南方",不是太迂腐了吗?"过而以已为然",是《墨经》讥讽经验主义者的口头禅,意为"过去已经怎样,就说现在还是怎样"。这与墨家的历史进化论观念不合,所以常予以批评。

《经说下》分析"疑"(疑惑)时又说:"智与?以已为然也与?过也。"即真正地知道吗?还是单纯地以为过去已经怎样,就说现在还是怎样?这是"过"(以过去的事情为是非标准)的疑惑。

墨家认为知识、智慧是必然真的，而疑惑只是或然真。从过去如何，不能必然推出现在如何。《大取》说："昔者之虑也，非今日之虑也。昔者之爱人也，非今日之爱人也。昔者之知穑（节俭）也，非今日之知穑也。"即过去的思虑，不等于现在的思虑。过去爱人，不等于现在爱人。过去知道节俭，不等于现在知道节俭。总之，不能从过去怎样推出现在怎样。

墨家坚持历史进化论的观念，所以在继承和创新的关系上，主张历史上好的东西要继承，现在好的东西要创新，反对儒家"述而不作"的消极、无所作为的论点。在《墨子·非儒》篇，墨家明确地用归谬法驳斥儒家"述而不作"的命题。

《耕往》记载，墨子坚决驳斥儒家信徒公孟子"君子不作，述而已"的命题，针锋相对地提出："吾以为古之善者则述之，今之善者则作之，欲善之益多也。"既不否认继承，又力主创新，目的是多办好事，多做贡献。后期墨家大大发扬了墨子的这种积极向上、奋发有为的精神。墨家的辩证思维方法论至今仍然焕发着真理的光芒，给人以启迪。

二十　反驳三种诡辩
——荀子的概念论

从"见侮不辱"到"杀盗非杀人"：用名称搞乱名称的诡辩

（1）"见侮不辱"的诡辩。大家知道，"侮"指欺负、轻慢。"辱"指耻辱。"侮辱"相连，组成一个词，指人格、名誉受到损害、蒙受耻辱。即侮和辱是相连的、一致的，受欺负就感到耻辱。但"见侮不辱"的命题把侮和辱分裂、对立起来，说受欺负而不感到耻辱。因此，荀子把它看作是诡辩。

"见侮不辱"是古代哲学家宋钘的论题。《荀子·正论》引宋钘的话说："明见侮之不辱，使人不斗。人皆以见侮为辱，故斗也。知见侮之为不辱，则不斗矣。"即认为人受到欺侮，只要心理上不觉得是受辱，就不会有斗争的意念和行为，就能够"天下安宁，以活民命"。

《庄子·天下》叙述宋钘、尹文子的观点说："见侮不辱，救民之斗。禁攻寝兵，救世之战。以此周行天下，上说下教，虽天下不取，强聒而不舍（勉强说服而不放弃论点）。"这大概算是古代的阿Q精神吧！

荀子在《正名》篇中说，这种诡辩是"惑以用名以乱名"，即用一个概念把另一个概念弄混乱所导致的谬误。"侮"（受人欺侮），本来就包含"辱"（感到耻辱）的意思，这是语词约定俗成过程中形成的语义。而宋钘立一个命题说"见侮不辱"，是用"不辱"的概念把"侮"的概念弄混乱。

如何禁止这些谬误呢？荀子说："验之所以为有名而观其孰行，则能禁之矣。"即只要用制名的目的（指称事实，辨别同异，传达交流思想）来观察哪个名称行得通，就可以禁止了。如受人欺侮，就感到耻辱，侮与辱相连的事实反映到语词中，就成为"侮辱"相随的语义和概念。人们很自然地认为"见侮则辱"是行得通的，"见侮不辱"是行不通的。只要牢牢把握制名目的（即名的指称、辨别事实和交流思想的作用），就可以克服"用名以乱名"的诡辩。

《荀子·正名》说："'见侮不辱'、'圣人不爱己'、'杀盗非杀人也'，此惑于用名以乱名者也。验之所以为有名，而观其孰行，则能禁之矣。"荀子从当时的百家争鸣中，列举其他学派"见侮不辱"等论点，认为是思维表达上的迷惑、混乱，即诡辩，把它们归入"用名以乱名"（用名称搞乱名称）的诡辩类型。

"见侮不辱"等论点，是荀子归纳的三种诡辩的第一种。战胜这种诡辩的方法，是"验之所以为有名，而观其孰行，则能禁之矣"。"所以为有名"，即为什么要有名称，说明制定名称的目的，这是荀子"正名"论（概念论）的第一个要点。拿这个要点去检验这些诡辩论点，观察哪个论点行得通，就能抵制这些诡辩了。

在古代百家争鸣中，产生了名家（辩者）这种职业的诡辩学派，同时，其他学派也多少有一些诡辩的议论。他们有时强词夺理，牵强论证一些特殊论点，难免沾染诡辩色彩。荀子（约前316—前238）这位战国末期儒家的最著名代表，为了完成从儒家角度对先秦百家争鸣的总结，专门写了《正名》一篇逻辑论文，从当时百家争鸣中搜集"见侮不辱"等八个诡辩论点，归纳为"用名以乱名"（用名称搞乱名称）等三种类型，分别对应于其概念论的"所以为有名"（为什么要有名称，制定名称的目的）等三个理论要点。荀子以其概念论的三个理论要点为工具，对这三种诡辩加以分析、评论，至今仍有启发和借鉴意义。

（2）"圣人不爱己"的诡辩。"圣人不爱己"可能是墨子的观点。墨子提倡以古代圣人夏禹为榜样，自苦而利人，"爱人"而"不爱己"。荀子认为圣人爱人，而圣人也是人，所以圣人爱人，应该包含爱自己。说"爱人不爱己"，是把自己这个人从"人"的普遍概念中排除出去，也就是用"不爱己"的概念来搞乱"爱人"的概念，这不符合制名的目的。墨家著作《大取》说："爱人不外己，己在所爱之中。己在所爱，爱加于己。伦列之：爱己，爱人也。"其中包含一个附性法的直接推理："己，人也。爱己，爱人也。"即自己是人。所以，爱自己是爱人。这符合《小取》中所说的"侔"式推理中"是而然"（前提肯定，结论也肯定）的格式，是正确的推理。所以荀子说的"圣人不爱己"，不是《大取》的观点。也可能是由于荀子的反对，墨家后学起而修正了本派老师墨子的观点。

（3）"杀盗非杀人"的诡辩。"杀盗非杀人"的命题，见于《墨子·小取》。荀子从生物学的意义着眼，认为盗是人，所以，杀盗是杀人。如果说"杀盗"不算"杀人"，是把作为盗的人从普遍概念"人"中排除出去，不符合制名以区别同异的原则。因而荀子把"杀盗非杀人"看作用"非杀人"的概念来搞乱"杀盗"的概念。不过，墨家主张这个命题还有另外含义，应当全面考虑。

（4）制名目的。关于制名目的的理论，是荀子评析

"用名以乱名"诡辩的工具。"名"即名称，相当于语词和概念。"正名"就是把语词和概念搞正确。荀子的逻辑著作标题为"正名"，意味着他的逻辑是以概念论为中心来展开的。概念和语词有密切联系，它们是一个统一体的两个方面，犹如一张纸的两面，不可能去掉一面，而不同时毁坏另一面。《荀子·正名》篇论制名目的说：

> 异形离心交喻，异物各实互纽，贵贱不明，同异不别。如是，则志必有不喻之患，而事必有困废之祸。故智者为之分别制名以指实，上以明贵贱，下以辨同异。贵贱明，同异别，如是，则志无不喻之患，事无困废之祸。此所为有名也。

荀子概念论的第一个要点是"所为有名"，即为什么要有名称，论述制名的目的。荀子认为，由于不同事物离开主体的认识器官（心）会纷然杂陈，纠缠不清，故智慧的人要分别制定不同的名称，以指称不同的实际。用语词和概念把事物的同异辨别清楚，思想就能得到正常的交流，行动也容易产生效果。如受到欺侮，感到耻辱，不能说"受到欺侮，不感到耻辱"。圣人爱人，包含爱自己，不能说"圣人爱人不包含爱己"。杀强盗是杀人，不能说"杀盗不是杀人"等。

从"山渊平"到"刍豢不加甘,大钟不加乐":用实际搞乱名称的诡辩

（1）"山渊平"的诡辩。《荀子·正名》篇说:"'山渊平'、'情欲寡'、'刍豢不加甘,大钟不加乐',此惑于用实以乱名者也。验之所缘以同异,而观其孰调,则能禁之矣。""山渊平"等诡辩,荀子归纳为"用实以乱名"（用实际搞乱名称）的诡辩。克服这种诡辩的方法,是"验之所缘以同异",即用一般概念所由以形成的认识论基础来加以检验,看哪个论点行得通。

"山渊平",是邓析、惠施等人的命题。这是用个别事实来搞乱一般概念。较低的山与高山上的渊一样平,这个事实在个别、特殊的情况下是存在的。但从一般概念说,山和渊是不平的。这种一般概念,是人对大量事实的正确认识和概括。用个别、特殊的情况来否认一般概念,是诡辩的一种手法。这在谬误论上被称为"特例概括",即用特例来代表一般情况。

如在个别、特殊情况下,宋国一位农民看到一只兔子撞在树墩上,脖子折断死去,于是他丢掉农具,专门守候在树墩旁,等待兔子不断被撞死。这位"守株待兔"的农民,就是陷入了"特例概括"的错误。过去有一个时期,军政官署中的幕僚（参谋、书记等）多出自绍兴;民国将

领的六分之一、红军和解放军将领的三成出自湖南，于是有人把"绍兴师爷湖南将"作为我国人才地理上的一大特色，断言遴选公务员或军官应该考虑浙江、湖南籍，这也犯了"特例概括"的错误。

"用实以乱名"这种"特例概括"型的诡辩，用"所缘而以同异"（凭借什么来区分同异）的原则来反驳。一般名词、普遍概念，是思维在感性认识的基础上对事物相同本质和不同本质的概括。只要把个别的、特殊的情况同一般概念对事物同异本质的普遍概括加以比较，看哪个更合适，就可以抵制这种诡辩了。把握语词、概念形成的客观基础和认识论基础，是克服"用实以乱名"诡辩的关键。

（2）"情欲寡"的诡辩。"情欲寡"是宋钘的观点。《庄子·天下》叙述宋钘学派的观点说："情欲寡，五升之饭足矣（古代升小，五升是吃不饱的标准）。先生恐不得饱，弟子虽饥，不忘天下，日夜不休。"并说"以禁攻寝兵为外，以情欲寡浅为内"。

《荀子·正论》叙述宋钘的观点说："人之情欲寡，而皆以己之情为欲多是过也。故率其群徒，辩其谈说，明其譬称，将使人知情欲之寡也。"《荀子·天论》批评"宋子（宋钘）有见于少，无见于多"。《解蔽》批评"宋子蔽于欲而不知得"。《非十二子》批评宋钘"大俭约"，"然而其持之有故，其言之成理，足以欺惑愚众"。

个别、特殊情况下（如个别生理、心理有缺陷的人），可能情欲寡浅，但一般情况是情欲多。一般人眼睛喜欢看美丽的颜色，耳朵喜欢听悦耳的声音，口喜欢尝美味，鼻子喜欢嗅醇厚的味道，身体喜欢享受轻松安适的环境，心喜欢快乐的事情。宋钘的诡辩，是用"情欲寡"的个别情况来抹杀"情欲多"的一般概念。荀子认为以"所缘而以同异"（制名的客观基础和认识器官的一般特点）来检验，就能抵制这种诡辩。

（3）"刍豢不加甘，大钟不加乐"的诡辩。"刍豢不加甘，大钟不加乐"（牛羊猪狗肉并非更好吃，编钟乐舞并非使人更快乐），老庄、宋钘或墨子的观点是强调节欲、禁欲和过分节约。个别生理、心理有缺陷的人，或有特殊宗教信仰的人，不喜欢吃肉、听音乐。但一般情况下，人类觉得肉好吃，音乐好听。"刍豢不加甘，大钟不加乐"的诡辩，也是以个别、特殊事例来抹杀一般概念。

（4）"所缘以同异。"（制名的客观基础和认识论基础）《荀子·正名》作为分析"用实以乱名"一类诡辩的工具，提出"所缘以同异"（制名的客观基础和认识论基础）的理论，讨论语词、概念的形成过程。荀子说："然则何缘而以同异？曰：缘天官。凡同类同情者，其天官之意物也同，故比方之拟似而通，是所以共其约名以相期也。"即凭借天生的认识器官辨别同异，同类事物就概括为相同概念。

荀子把人的眼耳鼻舌身五种感官叫作"天官"（天生的认识器官），而把支配五种感官的"心"（大脑）叫作"天君"。这是用社会上习见的君臣关系来比喻人的理性和感性认识器官的关系。

荀子认为，人类面临着同样的客观世界，又具有同样的认识器官，经过对事物情况的比较、推断、模拟、反映的认识工夫，就会对同样的事物形成同样的意识，再通过约定共同的名称，就能在交往中达到相互了解。如人用眼睛区分形状、颜色，用耳朵区分南腔北调，用嘴巴区分甘苦咸淡，用鼻子区分香臭芬郁，用身体触觉区分冷热痛痒，用心思区分喜怒哀乐。眼耳鼻舌身五种感官接触、感应事物的不同性质，形成感性认识。心（思维器官）在感性认识的基础上加以推理、论证，而有了"征知"（理性认识）。

荀子说："心有征知。征知，则缘耳而知声可也，缘目而知形可也。然而征知必将待天官之当薄其类然后可也。五官薄之而不知，心征知而无说，则人莫不然谓之不知。此所缘而以同异也。"即人心可验证知识，根据听觉可知道声音，根据眼睛可知道形体。被证明的知识一定以感官对事物类别的反映为基础。有了感性认识和理性认识，还要能用语言明确表达出来，使人了解。有了感性认识而没有理性认识，或有了理性认识，表达不出来，都不算完整的知识。荀子正确指明概念、语词的形成过程。他的概念论同语言论密切结合，以唯理论的认识论为基础。

从"白马非马"到"牛马非马"：用名称搞乱实际的诡辩

（1）"白马非马"的诡辩。荀子《正名》说："非而谓盈，有牛马非马也，此惑于用名以乱实者也。验之名约，以其所受，悖其所辞，则能禁之矣。""非而谓盈，有牛马非马也"的例子，是针对公孙龙和《墨经》的。荀子认为这是用"制名之枢要"（名称约定俗成的原则）来检验"用名以乱实"（用名称搞乱实际）的诡辩，看人们接受什么，反对什么，就能够抵制诡辩。

"非而谓盈"，即用"非"（不是，全异）的判断词来称谓、形容事物"盈"（包含，相容）的关系。这是针对公孙龙子"白马非马"之类的诡辩。"非"即"不是"，它断定主项"白马"与谓项"马"为概念的全异关系、排斥关系，但这违反名称约定俗成的原则。因为在命名"白马"和"马"时，就表示它们是"盈"（包含关系），即"白马"包含在"马"中。按概念的属、种关系说，"白马"是种名，"马"是属名，"白马"可以概括为"马"。公孙龙子用"非"来称谓"盈"，是混淆概念之间的关系。"白马非马"，是古代许多辩者都喜欢辩论的一个论题。公孙龙子对"白马非马"的诡辩论证，在《公孙龙子·白马论》中有比较完整的记载。其中的一个论证说：

> 求马，黄、黑马皆可致。求白马，黄、黑马不可致。使白马乃马也，是所求一也。所求一者，白者（马）不异马也。所求不异，如黄、黑马有可、有不可，何也？可与不可，其相非明。故黄、黑马一也，而可以应有马，而不可以应有白马，是白马之非马，审矣！

即找马，黄、黑马都可以算数。找白马，黄、黑马不能算数。如果白马是马，那就是找马和找白马一样了。找马和找白马一样，白马和马就没有不同了。找马和找白马没有不同，那黄、黑马在一种场合算数，在一种场合不算数，那是为什么呢？算数和不算数，这两种场合的互相排斥是很明显的。所以同样是黄、黑马，可以说是有马，却不可以说是有白马。可见,"白马非马"是再清楚不过的了!

公孙龙在这个诡辩论证中使用了一个正确的前提,即白马和马的外延不等同。白马中不包含黄、黑马,马中包含黄、黑马。但由白马和马不等同,推不出白马和马相排斥,即"白马非马"(白马不是马)。

另外,公孙龙在这个诡辩论证中,还使用了偷换概念的手法,即把"异于"偷换成"非"。实际上,"非"字既包含"异于"的意思,又包含"不是"的意思。公孙龙正是用这个有歧义的"非"字来进行诡辩。一开始说的是"异于"(白马异于马),这是事实,人人都可以同意。但在不知不觉中,他又把"异于"换成"非",偷偷地加进了与前言不同的意思("不是"——"白马不是马")。如果没有很高的逻辑修养,就很容易上诡辩论者的当,受他们的欺骗。

"白马"和"马"两概念,本来是"盈"(包含)的关系,公孙龙子偏用"非"(排斥、全异、不是)来称谓,是用名称搞乱实际所导致的诡辩。荀子认为,只要把握名称约定俗成的原则,看人们是接受"白马是马"呢?还是接受"白马非马"呢?就可以抵制这种诡辩。言外之意,大家肯定是接受"白马是马",而不接受"白马非马"。这是利用名称约定俗成的原则,结合实际情况和人们的经验来驳斥"用名以乱实"的诡辩。

（2）荀子所谓**"牛马非马"的诡辩**。"牛马非马"的命题，见于《墨经》。《墨经》中这个命题不是诡辩，而且有正确的逻辑意义。《墨经》的意思是说，"牛马"是集合，"马"是其中的元素，二者不等同，所以说"牛马非马"。这是对集合和元素关系的正确说明。

也许在当时，有人撇开《墨经》中这一命题的科学内容，而单纯从字面上来进行诡辩，说某人家里有"牛马"，但不能说某人家里有"马"。这是只承认某人有"牛马"的集合，不承认"牛马"的集合中有"马"的元素。这有点像公孙龙子"二无一"的诡辩公式，意思是牛、马这两个元素组成"牛马"的集合后，就不再分别有牛和马的个性和独立性存在，这自然就陷入了诡辩。

荀子说这是用一个概念"非马"来搞乱另一个概念"牛马"。他指出用名称约定俗成的原则，看人们是接受有"牛马"为有"马"呢？还是接受有"牛马"为"非马"呢？那人们肯定接受前者，而不接受后者。这样就能抵制此类诡辩了。荀子完全没有看到《墨经》中"彼此非此"公式和"牛马非马"实例所表达的逻辑含义，这是荀子比《墨经》逻辑倒退的地方。《墨经》"彼此非此"公式和"牛马非马"实例逻辑意义可用下表表示：

《墨经》正名公式	彼此非此
符号公式	AB ≠ B
实例	牛马非马
解释	集合不等于元素

荀子关于"三惑"(三种诡辩)的术语,正好是名实关系各种可能性的全部排列组合:用名以乱名,用实以乱名,用名以乱实。荀子在这里的思考很妙,也很全面。所以荀子很得意地说:"凡邪说僻言之离正道而擅作者,无不类于三惑者矣。"即所有诡辩都超不出这三种的范围,这未免说得绝对了一点。因为诡辩和谬误的种类是很多的,它涉及哲学、逻辑学、语言学、心理学、伦理学等各门科学领域,古往今来,人们并没有穷尽对诡辩和谬误的认识和分类,没有一个包容一切、穷尽无余的诡辩类型一览表。荀子在一定程度上是对的,因为他最拿手的逻辑研究是概念论,荀子的全部逻辑思想是以概念论为中心的。所以我们尽管对荀子的诡辩分类有不满意之处,但对他还是很佩服。

(3)制定名称的关键和重要原则。《荀子·正名》把"制名之枢要"作为分析"用名以乱实"(用名称搞乱实际)类型诡辩的工具。所谓"制名之枢要",即指定名称的关键和重要原则。荀子提出的有关指定名称的关键和重要原则的原文如下：

> 然后随而命之。同则同之，异则异之。单足以喻则单，单不足以喻则兼。单与兼无所相避则共。虽共，不为害矣。知异实者之异名也，故使异实者莫不异名也，不可乱也，犹使同实者莫不同名也。故万物虽众，有时而欲遍举之，故谓之物。物也者，大共名也。推而共之，共则有共，至于无共然后止。有时而欲偏举之，故谓之鸟、兽。鸟、兽也者，大别名也。推而别之，别则有别，至于无别然后止。名无固宜，约之以命，约定俗成谓之宜，异于约则谓之不宜。名无固实，约之以命实，约定俗成谓之实名。名有固善，径易而不拂，谓之善名。物有同状而异所者，有异状而同所者，可别也。状同而为异所者，虽可合，谓之二实。状变而实无别而为异者，谓之化。有化而无别，谓之一实。此事之所以稽实定数也，此制名之枢要也。

荀子这段话非常重要，对中国古代逻辑学的发展有不可磨灭的贡献，在世界逻辑史上也是极其精彩的论述，至今对我们仍有启发和指导价值。其要点如下：

① "同则同之，异则异之。"指同样的对象有同样的

概念，不同的对象有不同的概念。这相当于《墨经》和《公孙龙子》中的"彼止于彼"、"此止于此"，相当于西方逻辑中的"A＝A，B＝B"的同一律。这是要求保持概念的确定性、明确性。

②单、兼、共、列。名称的种类和推演。单、兼之名，是从语言形式上分的。单名是单音节的词，如"马"。兼名是复音词，即双音词、多音词或词组，如"白马"、"好白马"、"我家东邻的好白马"等，都可以根据表达、交流思想的需要来应用。

单名和兼名不相违背、有共同性质的，就可以采用概括的方法。如我家东邻的好白马→好白马→白马→马，这就是一个概念概括的过程。共名和别名，是从反映事物一般性和特殊性的不同性质上对名的分类。它们的区分是相对的。如对"动物"而言，"马"是别名。对于"白马"而言，"马"则是共名。共名和别名，是指在概括与限制过程中出现的相邻概念。共名相当于现今逻辑学中所说的属概念，别名则相当于种概念。

概念概括方法，又叫"遍举"，即往普遍化的方向列举。其特点是"推而共之，共则有共，至于无共然后止"，即抓住一般性往上推，一般之上还有一般，一直到了哲学上的最高类概念"物"，因为它没有上位概念了，所以就到达概括的极限。"物"是一个"大共名"（外延最大的普遍概念)。如我家东邻的那匹好白马→好白马→白马→马→哺乳动物→动物→生物→物,这就是一个概念概括的逻辑推演。

相反,概念限制方法,叫"偏举",即往特殊化方向列举。其特点是"推而别之,别则有别,至于无别然后止",即抓住特殊性往下推,特殊之下还有特殊,一直到表示个体的单独概念,因为它没有下位概念了,所以就达到限制的极限。单独概念是一个"小别名"(外延最小的概念)。

如把概括的过程倒过来,就是限制:物→生物→动物→哺乳动物→马→白马→好白马→我家东邻的那匹好白马。这里,"我家东邻的那匹好白马"是一个"小别名"。荀子说"鸟"、"兽"是"大别名",就是指它们仍是外延较大的"别名",它们都还存在着继续限制的余地。荀子关于共名、别名和概念概括、限制的论述,是对普通形式逻辑的杰出贡献,至今还有充沛的生命力。

③宜名:合适的名称。一个名称并没有本来就合适的,是人们共同约定用它来指称某一个实际。某一个词语被人们共同约定,在以后的应用中形成了习惯,那就是合适的。跟这个原则相反的,就是不合适的。

例如汉语中犬和羊这两个词语,在最初命名时是主观的、任意的,而在命名以后,大家在应用中已经形成习惯，就算是合适的名称了。如果有一个人偏要跟大家作对，把犬叫作羊，把羊叫作犬，那就叫作名称不合适。古代诡辩家有"犬可以为羊"的命题，就是抓住最初命名时的主观随意性，而抹杀名称约定俗成的原则所造成的诡辩。

④实名：真实概念和虚假概念。一个名称本来并没有其固定所指的实际，是人们共同约定它来指称某一个实际。合乎约定的，就是实名，否则就是虚名。如把和氏之璧叫作"良玉"，这是真实概念，把它叫作"怪石"，则是虚假概念。荀子认为在推理的前提和结论中都使用同一的真实概念，才能得到可靠的结论。

⑤善名：好名称。一个名称有本来就是好的，通俗易懂而不引起矛盾与混乱的，就是好名称。因为通俗易懂，才便于普及，利于流通。不引起矛盾和混乱，才能保证准确地表达思想，进行正常的交流和交际。从前有一位老汉，把大儿子叫作"盗"，二儿子叫作"殴"。有一天，大儿子外出，老汉在后边追着喊："盗！盗！"负责维持秩序的官吏听到了，叫人把他的大儿子捆绑起来，老汉想叫小儿子去向官吏解释，慌忙中只是大叫："殴！殴！"官吏就叫人殴打他的大儿子。就是因为名字起得不好，引起误解和混乱，导致这位老汉的大儿子差点丢了性命。

⑥稽实定数：根据实际情况决定名称的数量。荀子

认为事物有两种情况，应该加以区别。第一种情况：是不同个体，有共同性质，它们虽然可以合用同一个普遍概念，但毕竟是同一类属之下的不同的个体。如孔子和孟子都是"儒者"，但毕竟是两个不同的"儒者"：孔子是儒者的第一个代表人物，孟子是第二个代表人物。他们有共同点，也有不同点，不能混为一谈。第二种情况：是同一个体，在不同阶段，有不同性质，这种情况叫作"化"（变化）。有变化而实体还是一个，这就应该用同一个单独的概念。如"青年的孔子"、"中年的孔子"、"老年的孔子"，尽管情况有所变化，但毕竟还是同一位"孔子"，不能看作不同的个体。

注意以上两种情况的区别，就叫作根据实际情况来决定名称的数量。荀子逻辑的特色，是适应当时的需要，着重发挥孔子"正名"思想中具有逻辑性的内容，形成了以概念论为中心的逻辑体系。这里着重阐发荀子的概念论和诡辩论、语言论、认识论、判断论、推理论，以及语言规范化的关系。

自从孔子率先提出"正名"的课题以后，先秦诸子百家纷纷从不同角度讨论"正名"问题，提出各自独到的见解。荀子站在儒家智者的立场，撰写体现儒家特点的古代逻辑名篇《正名》篇，对正名的逻辑技巧做出系统化、理论化的总结。

荀子的概念论、判断论和推理论

由于荀子对概念论做了较为透彻的研究，所以他就在一定程度上意识到概念论和判断论、推理论的联系。

（1）概念论和判断论。荀子说："名也者，所以期累实也。辞也者，兼异实之名以论一意也。"名（语词和概念）是对许多事物实质的概括反映。如荀子说："人之所以为人者，非特以其二足而无毛也，以其有辨也。""人有气、有生、有知、亦且有义"；"人能群"。这就是说，人是有道德、有知识、有社会性的动物。

这是荀子对人的本质的概括，是他对人的概念的理解。而辞（语句、命题）则是联结"异实之名"（反映不同事物的名称），以表达一个完整意思。如说"人是有道德的动物"，就是一个"辞"。其中"人"是一个"单名"，"有道德的动物"是一个"兼名"。

荀子认为名称有累积、联结而构成语句的功能。他说："名闻而实喻，名之用也。累而成文，名之丽也。用、丽俱得，谓之知名。"听到名称，就能明白它所指谓的实际，这是名称的作用。累积名称而构成文句，这是名称的配合。会用名称指谓实际，并能连缀名称造成句子，才可以说是知道名称。

荀子说："命不喻然后期。"即给事物的命名还不能使人明白，就要下个判断，也就是用语句、判断揭示概念的内容，这是类似下定义的方法，如说"人是有道德的动物"。概念是判断内容的浓缩，而判断是概念内容的展开。通过下判断，概念的内容就能揭示明白。荀子对概念和判断关系的认识，颇有启示意义。

同时，荀子正确地阐述了名称和语句的认识意义与交际意义。他说"名足以指实，辞足以见极"，即语词贴切地指谓实际，语句恰好说到点子上，就是"正其名，当其辞"。这是说名称、语句的认识意义。他把名称、语句看作"志义之使"，即表达思想的工具。"白其志义"，"足以相通"，这是指名称、语句的交际意义。他把不利于认识和交际的花言巧语叫作"诱其名、眩其辞"，认为这种言辞会把人引向邪路，所以应该警惕。

（2）**概念论与推理论**。荀子列举思维和表达形式的次序，是名（语词、概念）、辞（语句、命题）、说（推理）、辩（证明、反驳）。他认为"说"和"辩"这些较复杂的形式，包含着较简单的形式"名"和"辞"。

荀子说："辩说也者，不异实名以喻动静之道也。期命也者，辩说之用也。"即辩说是用前后一致的真实概念来弄清是非的道理，概念、判断是辩说中应用的元素。例如说："人能群。华人是人。所以，华人能群。"这是一个推理，它由概念、命题组成，其中每一个概念都出现过两次，前后意思一致。可见荀子的推理论是在其概念论的基础上展开的。

荀子在推理论中也有许多精彩的言论。如他说"推类而不悖"，即推理要遵守同一律、矛盾律。他说"辩则尽故"，是指证明、反驳要全面列举理由。而他说的"言之成理"、"持之有故"，更成为千古不朽的名言，至今仍活跃在广大人民的心中和口头，成为规范人们思维和表达的原则。所谓"言之成理"，即推理、论证形式正确，合乎条理，能自圆其说。"持之有故"，即坚持一个论点，要有充足理由。这都是有关推理、论证原理的重要概括。

荀子的概念论、语言规范化和华夏大一统

荀子的概念论同语言论是相结合的。篇名称为"正名"，不仅是要探讨概念的性质、种类和推演等逻辑问题，而且包含着提倡语言规范化，促进华夏大一统的用意。

荀子盛年距秦统一中国的时间（前221）不远。当时秦国统一中国的大势已初露端倪。荀子近五十岁时，即公元前268年前后，应邀到秦国考察政治、军事、地理和民俗。秦相范雎曾问荀子入秦有何观感。荀子称秦国自然条件优越，老百姓纯朴，官吏廉洁，士大夫不结党营私，朝

廷治国有方，所以必然会在未来的大一统中占据优势。荀子很用心地写作《正名》，是想以一个儒家"智者"的身份为未来统一中国的"王者"服务。

荀子看到语言的规范化，是促进华夏统一的重要因素。《正名》开篇，就建议未来统一中国的"王"应该有一套标准的名称：刑法的名称根据商朝，等级的名称根据周朝，礼节的名称根据《礼经》，各种自然和社会事物的名称根据华夏文化发达地区的已有风俗和共同约定，而边远异俗的地区，则以此为基础得到交流沟通。下面是荀子论列有关人的一般词汇。

性（本性）：人天生的本性，也指本性所产生的，精神和事物相接触、相感应的反应，不经过人为影响而形成的自然性质。

情（感情）：人的本性好、恶、喜、怒、乐。

虑（思虑）：心智对感情的选择判断。

伪（人为）：人的官能根据思虑的判断而行动，也指积久的思虑和官能行动的习惯所形成的规范。

事（事业）：符合功利的行为。

行（德行）：符合道义的行为。

知（认识能力）：人所具备的用来认识事物的才能。

智（知识）：人的认识能力接触外界所获得的认识。

能（本能）：人天生所具备的才能，也指人的本能发挥作用而获得的效果（效能）。

病（病残）：本性所受的损伤。

命（命运）：各种条件巧合所带来的遭遇。

荀子列举这些词汇的目的，是为未来统一中国的皇帝提供语言规范化的典范。他认为未来的"王者"要是听从像他这样的"智者"的劝告，制定颁行于各方的统一名称，就可以谨慎地率领老百姓走向大一统。从历史发展的角度看，这种思想自有其存在的合理性。

所谓制名以明贵贱的说法，在当时是很自然的，而对我们已无意义。他所谓"故其民悫，悫则易使"，"民易一以道而不可与共故"，则有愚民政策的嫌疑。他所谓大一统不需要"辩说"，不需要"百家争鸣"的思想，预示着后世秦始皇的文化专制与"焚书坑儒"。不过，剔除这些糟粕，荀子的《正名》仍不失为一篇精彩的古代逻辑名篇。要想了解带有儒家智者特点和中国特色的逻辑学，不可不仔细阅读、深入领会荀子的《正名》篇。

二十一　庄伯父亲闹别扭
——吕不韦论语言

庄伯的父亲答非所问：转移论题的诡辩

《吕氏春秋·淫辞》记载，庄伯的父亲跟庄伯闹别扭的故事：

> 荆柱国庄伯令其父："视日。"
> 曰："在天。"
> "视其奚如？"
> 曰："正圆。"
> "视其时。"
> 曰："当今。"
> 令谒者："驾！"
> 曰："无马。"
> 令涓人："取冠。"

"进上！"

问："马齿。"

圉人曰："齿十二与牙三十。"

"荆"是楚国的别名。庄伯是楚国的"柱国"，即最高武官（相当于国防部长）。有一天，庄伯叫他父亲去看看太阳，意思是叫他去看看太阳的位置，以确定时间的早晚。他父亲似乎对诡辩很感兴趣，也许想跟儿子开玩笑，所以故意装糊涂，转移话题说："太阳在天上！"

庄伯看父亲没理解自己的意思，于是解释说："去看看太阳怎样了？"意思还是叫他去看看太阳的位置，他父亲却再次故意转移话题说："太阳正圆着呢！"庄伯第三次解释说："去看看什么时候了。"父亲也第三次转移话题说："恰恰是现在这个时候。"庄伯父亲再三利用语言的歧义性、灵活性，跟儿子耍贫嘴，以诡辩来取乐。这跟相声演员在舞台上表演语言艺术一样，也与古希腊智者在贵族宴会上所玩弄的语言把戏如出一辙。

庄伯叫传令官通知车夫"去准备马车"。传令官却装糊涂，故意转移话题说："我没有马呀！"庄伯叫身边的侍臣把帽子从头上取下来，侍臣却又取来一顶帽子说："请您戴上！"庄伯坐上车子，问养马人："这马的牙口多少?"问"牙口"的意思,是想知道马的年龄。养马人却装糊涂,故意转移话题说:"十二颗齿(指门牙),三十颗牙。"把问马的年龄故意回答成马牙齿的数目。

《吕氏春秋》把这个故事放到《淫辞》篇中,把其中每一个问题的答话方式(所答非所问),看成是诡辩。由这个故事看来,楚国这位大官庄伯周围的一群人,从庄伯的父亲到庄伯的传令官、侍臣和养马人等,似乎都染上了诡辩的顽症,对于巧辞诡辩怀有极大兴趣,把诡辩看成斗智斗嘴的智力、语言游戏和娱乐活动,即俗话说的"逗着玩"。

在这种游戏、娱乐、"逗着玩"中,每个人都成了出色的表演艺术家。在战国时期辩论成风的年代里,诡辩似乎成为一时的习尚。于是在战国末期,墨、儒、杂等家学者都在思考怎样战胜诡辩的问题。

《墨经》逻辑是墨家反诡辩的产物。《荀子·正名》是儒家反诡辩的产物。《吕氏春秋·淫辞》、《离谓》等篇是杂家反诡辩的产物。《吕氏春秋·淫辞》、《离谓》等篇的作者,思考了怎样解释诡辩的现象,诡辩是怎样产生的,以及如何克服诡辩等问题,提出了言辞的指谓性、交际性等语言逻辑的理论。

人死可以见人吗：偷换概念的诡辩

《离谓》记载诡辩故事说：

齐有事人者，所事有难，而弗死也，遇故人于途。故人曰："固不死乎？"对曰："然。凡事人，以为利也。死不利，故不死。"故人曰："子尚可以见人乎？"对曰："子以死为反可以见人乎？"

意思是，齐国人某甲，受雇做别人的保镖。一般规定是，主人有危难，保镖应该以死相救。后来主人果真有危难，某甲不但没有以死相救，反而自己先逃跑了。逃跑途中，遇到老朋友。老朋友说："主人有难，你怎么不以死相救呢？"某甲理直气壮地说："是的。凡是受雇于人，是为了自己的利益。以死相救，于己不利，所以我要逃跑。"

老朋友根据一般规定和通常的道德标准问他："这样做，你还有脸见人吗？"某甲回答说："你以为人死了，反而可以看见人吗？"前一"见人"，是道德方面的含义（指没有脸见人）。后一"见人"，是生理方面的含义（指人死了，眼睛闭上，不能用眼睛看人）。这是典型的用偷换概念的手法来进行诡辩。

澄子夺衣的故事：强词夺理的诡辩

《淫辞》记载，澄子夺衣的故事：

> 宋有澄子者，亡缁衣，求之途。见妇人衣缁衣，援而弗舍，欲取其衣，曰："今者我亡缁衣。"妇人曰："公虽亡缁衣，此实吾所自为也。"澄子曰："子不如速与我衣。昔吾所亡者，纺缁也。今子之衣，禅缁也。以禅缁当纺缁，子岂不得哉？"

宋国有个男人叫澄子。"澄"字的本义是清澈，大概给他起名字的人，希望他成为一个纯洁明白的人。但从其言谈来看，他实在是一个蛮不讲理的糊涂人，他抢夺别人的衣服时所讲的一番歪道理，完全是典型的强词夺理的诡辩。

一天，澄子丢了一件黑衣服，在路上找。他看见一位妇女穿着一件黑衣服，就拉住不放手，想要抢夺人家的衣服，说道："今天我丢了一件黑衣服。"妇女说："您虽然丢了一件黑衣服，可是我的黑衣服是我自己做的呀！"

澄子说："你不如赶快把衣服给我。原来我丢的，是件夹袄。现在你穿的，是件单褂。用单褂顶替夹袄，你岂不是占了我的便宜嘛！"这位蛮不讲理的澄子，明明知道妇女穿的单褂并不是他丢的那件夹袄,却硬要人家给他,抢夺人家的衣服,还说人家占了他的便宜。这是典型的强词夺理的诡辩,是强盗的无理逻辑。

臧有三只耳朵:混淆集合和元素的诡辩

《淫辞》记载公孙龙"臧三耳"的诡辩故事:

孔穿、公孙龙相与论于平原君所。深而辩,至于"臧三耳"。公孙龙言臧之三耳甚辩。孔穿不应,少选,辞而出。明日,孔穿朝,平原君谓孔穿曰:"昔者公孙龙之言甚辩。"孔穿曰:"然。几能令臧三耳矣。虽然,难。愿得有问于君:谓臧三耳甚难,而实非也。谓臧两耳甚易,而实是也。不知君将从易而是者乎?将从难而非者乎?"平原君不应。明日,谓公孙龙曰:"公无与孔穿辩。"

孔穿是孔子的六世孙,有一次受众人委托,专程到赵国规劝公孙龙放弃诡辩学说。公孙龙是战国中后期最著名的诡辩家,长期做平原君的养士(门客、谋士,起参谋作用)。平原君(赵胜)是赵惠文王的弟弟,赵国宰相。

有一天,孔穿、公孙龙在平原君的寓所讨论问题。他们深刻地辩论了许多问题，最后讨论到公孙龙"臧三耳"的辩题。公孙龙论证臧有三只耳朵，论证得头头是道。孔穿不想跟公孙龙继续辩论。于是，过了一会儿，就辞别回住处。

第二天，孔穿拜访平原君，平原君对孔穿说："昨天公孙龙的辩论真是头头是道。"孔穿说："是的，几乎可以说臧有三只耳朵了！虽然如此，他的论题还是难以成立。我想问您：说臧有三只耳朵很难，并且实际上是不对的。说臧有两只耳朵很容易，并且实际上是对的。不知道您是同意容易并且是对的结论呢？还是同意难并且是不对的结论呢？"平原君不说话了。过了一天，平原君对公孙龙说："您不要再跟孔穿辩论了。"

公孙龙"臧三耳"的诡辩手法，是把"臧耳"这一个集合算作一个，再把"臧左耳"、"臧右耳"这两个元素算作两个，然后再把这两个不同类的东西当作同类的东西，用算术的方法简单相加，得到"臧三耳"的诡辩论题。

用同样的方法，公孙龙等辩者还论证了"鸡三足"、"牛羊足五"、"黄马骊牛三"等相似的诡辩论题。公孙龙等辩者所进行的类似诡辩，从反面刺激、启发了墨家提出区分集合和元素的逻辑理论，例子是"牛马非牛"、"牛马非马"，规律是"彼此非彼"、"彼此非此"。

《公孙龙子·名实论》也讲了和《墨经》一样的逻辑理论，但是同时公孙龙还坚持了"臧三耳"等混淆集合和元素的诡辩手法。这是逻辑学和诡辩论两种不同的倾向，两种不同的倾向同时存在于公孙龙一人身上，这并不是不正常的现象，而是正常的现象，犹如我们每一个人一生总会有正确和错误两面一样。不过可以指出，墨家主要讲逻辑，但偶尔也会强词夺理地诡辩。公孙龙主要讲诡辩，但有时也会一本正经地讲逻辑。这正是事情复杂性和多样性的表现，并非不可理解。

秦赵相约的故事：语句含混引起的诡辩

《吕氏春秋·淫辞》记载秦赵相约的故事：

空雄之遇，秦、赵相与约。约曰："自今以来，秦之所欲为，赵助之；赵之所欲为，秦助之。"居无几何，秦兴兵攻魏，赵欲救之，秦王不悦，使人让（责难）赵王曰："约曰：'秦之所欲为，赵助之；赵之所欲为，秦助之。'今秦欲攻魏，而赵因欲救之，此非约也。"赵王以告平原君，平原君以告公孙龙。公孙龙曰："亦可以发使，而让秦王曰：'赵欲救之，今秦王独不助赵，此非约也。'"

秦国和赵国订立条约，条约规定："从今以后，秦国想干的事儿，赵国要帮助；赵国想干的事儿，秦国要帮助。"没过多久，秦国出兵攻打魏国。赵国想帮助魏国解秦兵的围困。秦王恼怒，派人指责赵王说："我们两国订立条约，规定'秦国想干的事儿，赵国要帮助'，现在秦国要攻打魏国，而赵国却想帮助魏国解除秦兵的围困，这是违反条约规定的！"赵王通过平原君向公孙龙子请教。公孙龙子说："我们也可以派使臣指责秦王说：'赵国想救魏国，现在秦王偏偏不帮助赵国，这是违反条约规定的！'"

《吕氏春秋》把这个故事放在《淫辞》篇（淫辞即诡辩）中，作为立论的第一个事实根据。从故事全局说，这是语句含混所引起的诡辩。双方的指责和推论，各有局部的道理和理由，推论也都合乎形式逻辑。用荀子的话说，叫作"持之有故，言之成理"。双方的推论，各用了一个正确的三段论演绎推理：

项目	秦国推理	赵国推理
大前提	秦国想干的事儿 赵国应该帮助	赵国想干的事儿 秦国应该帮助
小前提	攻魏是秦国想干的事儿	救魏是赵国想干的事儿
结论	赵国应该帮助攻魏	秦国应该帮助救魏

逻辑是思维表达的一般工具，它可以为论证真理服务，也可以为论证诡辩服务。从故事全局说，条约规定

"自今以来，秦之所欲为，赵助之；赵之所欲为，秦助之"，是一个含混的语句，它可以涵盖双方利益一致和对立的每一件事。在利益一致的情况下，不会引起争论。但在利益对立的情况下，则会引起争论，引起双方各取所需的强词诡辩。

"秦赵相约"的故事，类似古希腊的"半费之讼"和邓析的"两可之说"，利益矛盾的双方，可以利用同一个推理形式来反对对方。在这个故事中，秦、赵双方把秦攻魏和赵救魏的不同小前提分别应用于语句含混的条约的一半，因此各自都有一半的理由和道理。

条约语句含混，为日后双方纷争埋下了种子。当遇到跟一方利益一致，而跟另一方利益矛盾的问题时，双方各执一端，公说公有理，婆说婆有理，就构成了"两可"式的诡辩。应清楚明白教训是条约语句，不预留日后双方钻空子的余地。

论言辞的指谓性和交际性

《吕氏春秋》从言辞的指谓性和交际性上，研究了产生诡辩的根源，指出了克服诡辩的方法。《淫辞》说：

非辞无以相期，从辞则乱。辞之中又有辞焉。言者，心之谓也。言不欺心，则近之矣。凡言者以谕心也。言心相离，而上无以参之，则下多所言非所行也，所行非所言也。言行相诡，不祥莫大焉。

《离谓》说：

言者以喻意也。言意相离，凶也。乱国之俗，甚多流言，而不顾其实。

夫辞者意之表也。鉴其表而弃其意，悖。故古之人得其意而舍其言矣。听言者以言观意也。听言而意不可知，其与桥言（诡辩）无异。

"非辞无以相期"，即不用言辞，无法交际。期即期会、交际。言辞之所以能作为交际工具，与其指谓对象、表达思想的功能分不开，言辞的指谓性是其交际性的基础。言辞离开了其所指谓的对象和确定的思想内容，会引起交际中的语义不一致，语义变异，引发偷换概念、转移论题的诡辩。

《吕氏春秋》把言辞离开其所指谓的对象，叫"离谓"；把言辞离开其所表达的思想，叫"言意相离"。《精谕》说："言者，谓之属也。"即言辞是从属于其所指谓的对象的。言辞离开其所指谓的对象和所表达的思想，言辞则徒有其表，就可以受诡辩者的任意解释。《离谓》说："言者以喻意也。夫辞者，意之表也。"即言辞是表达思想的工具。指谓对象和表达思想，是密切相连的。思想是对象的反映。言辞离开了其所指谓的对象，也就离开了其所表达的思想，所以"离谓"也会导致"言意相离"。

《吕氏春秋》讨论对象、思想和语言的关系，用意在于揭露使语言和思维、对象相脱离的诡辩手法。《淫辞》说："从辞则乱。乱辞之中又有辞焉。"即只根据言辞的字面、表面意思，而离开其所指谓的对象和思维内容，会引起连锁的混乱和诡辩，因为诡辩者的言辞会恶性衍生，无穷无尽，犹如毒菌的繁殖一般。

阴阳家的著名代表邹衍，曾批评公孙龙及其门徒"白马非马"之类的诡辩，是"饰辞以相悖"，"引人声（引用别人的话）使不得及其意"（即言意相离），是有害于大道的"缴言纷争"的根源。司马谈指出，名家即公孙龙一派"苛察缴绕"（诡辩），"使人不得返其意"（违反别人原意，偷换概念或论题）。这都从言辞和对象、思维相背离的角度指明了诡辩的起源和实质。

《离谓》说："言意相离，凶也。乱国之俗，甚多流言，而不顾其实。"《淫辞》说："言者，心之谓也。言不欺心，则近之矣。凡言者以谕心也。言心相离，而上无以参之，则下多所言非所行也，所行非所言也。言行相诡，不祥莫大焉。"

意是反映实的。言意相离(言心相离),会导致言实相背。意是指导行的。言意相离,也会导致言行相悖、相反,语言就不能作为人的思想和行动的代表与传播媒介,就会给社会交际和思想交流造成困难和障碍。

在上文庄伯与其周围人的对话中,那些对话人对于庄伯的每一句正常话语、问题或命令,都要避开其所指谓的对象及其确定的思想内容,而断章取义,望文生义,利用语句局部字面上能够允许的其他含义,来偷换概念、转移论题。

对话的一方,故意利用言辞的多义性,答非所问,偷换论题,使言论离开了对方的本意,由"言意相离"发展成诡辩。即不考虑言辞在一定情况下的确定含义,利用言辞的多义性来加以任意解释,就破坏了语义的确定性,违反了对话辩论中语义的同一律,给社会交际和思想交流带来混乱。

要解决"言意相离",即使语言和思维、对象脱节,对语言做任意解释的问题,必须从两方面着手。一是说话人应把意思说明白,让人听其言而知其意,不容歪曲篡改。二是听话人应理解说话人话语所指谓的对象和原意,不要断章取义、望文生义。

《离谓》说:"夫辞者,意之表也。鉴其表而弃其意,悖。故古之人得其意则舍其言矣。听言者，以言观意也。听言而意不可知，其与桥言无异。"这里要求听话人应从对方言辞中分析其真实含义。如听到言辞而意思难以确定，那就与"桥言"没有区别。桥言指曲折难晓的言辞，与荀子所提倡的"径易而不拂"（通俗易懂而不发生矛盾和混乱）的言辞相反。

二十二　夔天生一只脚？

——吕不韦论语义

"夔一足"的故事

《吕氏春秋·察传》记载"夔一足"的故事：

> 鲁哀公问于孔子曰："乐正夔一足，信乎？"孔子曰："昔者舜欲以乐传教于天下，乃令重黎举夔于草莽之中而进之，舜以为乐正。夔于是正六律，和五声，以通八风，而天下大服。重黎又欲益求人，舜曰：'夫乐，天地之精也，得失之节也。故唯圣人为能和，乐之本也。夔能和之，以平天下，若夔者一而足矣。'故曰夔一足（像夔这样的人有一个就足够了），非一足也（并非夔这个人天生只有一只脚）。"

鲁哀公听到"夔一足"这句话，感到迷惑不解，于是向孔子请教说:"夔(舜时乐官)这个人,天生只有一只脚,您相信吗?"孔子向他解释说:"过去舜想借用音乐向天下传播教化,于是命令重黎(尧时掌管时令的官,后为舜臣)从全国推举人才。重黎把夔举荐给舜,舜叫夔担任乐官。夔规范音律,调和五声,以贯通八方风俗,而天下服从。重黎想再找一些像夔这样的人,舜说:'音乐是天地的精华,治国的关键。所以只有圣智的人才能调和音乐的根本。夔能调和音乐的根本,以教化天下,所以像夔这样的人,有一个就足够了。'"

这是"夔一足"这个语句在特殊语境下的真实语义,并不是说夔天生只有一只脚。说夔天生只有一只脚,是离开特定语境对"夔一足"这个语句断章取义、望文生义所产生的误解。

"丁氏穿井得一人"的故事

《吕氏春秋·察传》还记载"丁氏穿井得一人"的故事:

> 宋之丁氏,家无井而出溉汲,常一人居外。及其家穿井,告人曰:"吾穿井得一人。"有闻而传之者

曰："丁氏穿井得一人。"国人道之，闻之于宋君，宋君令人问之于丁氏。丁氏对曰："得一人之使，非得一人于井中也。"

宋国有一家姓丁的，由于家中没有水井，所以需要一个劳动力到外边挑水。后来丁氏家里打了一口井，于是丁氏告诉别人："我家打井得到一个人。"在特定的语境下，这一语句的真实意义是："我家里打井这件事的作用相当于一个人的生产力（节省了一个劳动力）。"

但听话者、传话者离开具体语境，从语句字面上理解为："丁氏打井得到一个活人。"这使国人和宋君都迷惑不解，直到弄清真实语义，才解开了疑团。这又是望文生义的一例。

"三豕涉河"的故事

《吕氏春秋·察传》还记载"三豕涉河"的故事：

子夏之晋，过卫，有读史记者曰："晋师三豕涉河。"子夏曰："非也，是己亥也。夫己与三相近，豕与亥相似。"至于晋而问之，则曰"晋师己亥涉河"也。

这也是语言经数次传播而失真的典型一例。意思是，有一次，孔子的学生子夏到晋国去，途经卫国，听见有人诵读史书说："晋国军队三头猪过黄河。"子夏说："您读错了，应该读为：晋国军队在己亥这一天过黄河。因为己和三字形相近，豕和亥字形相似。"子夏到晋国又请教了别人，果然是应该读为：晋国军队在己亥这一天过黄河。

子夏是孔子学校文学科的优秀毕业生，他熟悉古代文化典籍，曾传授《诗》、《春秋》等儒家经典。他懂得校勘学的知识，知道根据语句的语境（上下文）来纠正抄错或读错的字。从语境（上下文）来看，作"晋师三豕涉河"（晋国军队三头猪过黄河）不通，而作"晋师己亥涉河"（晋国军队在己亥这一天过黄河）则通。这是根据校勘学的一般知识，用演绎的方法来下判断。到晋国做一番调查，则是应用归纳的方法。演绎和归纳相结合的方法，能够纠正脱离语境所导致的篡改古籍的错误。

论语义和语境

在对话和辩论中，离开语境而篡改语义的现象是常见的，这是诡辩产生的语言认识论的根源。为了克服这种离开语境篡改语义的诡辩现象，《吕氏春秋·察传》指出：

夫传言不可以不察。数传而白为黑，黑为白。故狗似玃，玃似母猴，母猴似人，人之与狗则远矣。此愚者之所以大过也。闻而审则为福矣，闻而不审不若无闻矣。

凡闻言必熟论，其于人必验之以理。

辞多类非而是，多类是而非。是非之经，不可不分。此圣人之所慎也。然则何以慎？缘物之情及人之情，以为所闻，则得之矣。

这里指出，对于语言的传播要细为审察。因为语言经数次传播失真，导致黑白颠倒。例如会导致如下连锁推论，越推离事实越远：

狗像玃。
玃像母猴。
母猴像人。
─────────
所以，狗像人。

由于"像"、"似"的意义、角度和标准并不统一，所以经语言的数次传播，差别会越来越大，离事实和真理越来越远。这是不聪明的人犯错误的一个原因。听话善于审察，是好事。听话不善于审察，还不如没有听。

　　语言在很多情况下像是不对的，实际是对的；像是对的，实际是不对的。这是本质和现象的区别。是非的界限，一定要分清。如果能够根据物情、人情、事理，即结合广义的语境，就有助于了解语言的真实语义，有助于揭露辩论对话中篡改语义的诡辩。

二十三　半身不遂和起死回生
——吕不韦论类推

诡辩故事

《吕氏春秋·别类》记载一个人诡辩说，他能治半身不遂，也就能起死回生。原文是：

> 鲁人有公孙绰者，告人曰："我能起死人。"人问其故，对曰："我固能治偏枯。今吾倍所以为偏枯之药，则可以起死人矣。"物固有可以为小，不可以为大，可以为半，不可以为全者也。

鲁国有个人，叫公孙绰，向人吹牛说："我能够使人起死回生。"别人问他是怎么回事，他推论说："因为我本来能治半身不遂。现在我把治半身不遂的药加倍，就可以起死回生。"事物的小、大、半、全，不仅有量的不同，还有质的区别。会治小病，未必能治大病。能治半身不遂，但把治半身不遂的药加倍，也肯定不能起死回生。

《吕氏春秋》对此类故事的评论，涉及类的可推和不可推这两方面的问题。类的可推，以类的同一性为前提，说明推理的功能和作用。类的不可推，以类的差异性为原因，说明推理的界限和发生谬误的可能。

论类的可推

《吕氏春秋·察今》说：

> 有道之士，贵以近知远，以今知古，以所见知所不见。故审堂下之阴，而知日月之行，阴阳之变。见瓶水之冰，而知天下之寒，鱼鳖之藏也。尝一脔肉，而知一镬之味，一鼎之调。

即懂得道理的人，可贵的是由近处推知远处，由现在推知过去，由已知推未知。审查屋外阴影的迁移，推知时间和季节的变化。看见一瓶水结冰，推知气候的寒冷和鱼鳖的冬眠。尝一片肉，推知一锅肉的滋味。这是同类相推的类比推理和由个别推知一般的归纳推理的结合。这是肯定推知的可能和推理的作用，承认类的可推。

《吕氏春秋》认为,这种类的可推性,以类的同一性为前提。《察今》说:"己亦人也,故察己则可以知人,察今则可以知古,古今一也,人与我同耳。"审察自己,可以推知别人;审察今天,可以推知古代。这种推知的可能性,以古今、人我的同一性为前提,正表明推理的功能和作用。

论类的不可推

《吕氏春秋·别类》着重讨论了类的不可推:

知不知,上矣。过者之患,不知而自以为知。物多类然而不然,故亡国戮民无已。

夫草有莘有藟,独食之则杀人,合而食之则益寿。万堇不杀。漆淖水淖,合两淖则为蹇,湿之则为干。金柔锡柔,合两柔则为刚,燔之则为淖。或湿而干,或燔而淖,类固不必,可推知也。

小方,大方之类也。小马,大马之类也。小智,非大智之类也。

相剑者曰:"白所以为坚也,黄所以为韧也。黄白杂,则坚且韧,良剑也。"

难者曰:"白所以为不韧也,黄所以为不坚也。黄白杂,则不坚且不韧也。又柔则卷,坚则折。剑折且卷，焉得为利剑？"

剑之情未革，而或以为良，或以为恶，说使之也。故有以聪明听说，则妄说者止。无以聪明听说，则尧、桀无别矣。此忠臣之所患也，贤者之所以废也。

义，小为之则小有福，大为之则大有福。于祸则不然，小有之不若其亡也。射招者欲其中小也，射兽者欲其中大也。物固不必，安可推也。

高阳应将为室家，匠对曰："未可也。木尚生，加涂其上，必将挠。以生为室，今虽善，后将必败。"高阳应曰："缘子之言，则室不败也。木益枯则劲，涂益干则轻，以益劲胜益轻，则不败。"匠人无辞而对，受令而为之。室之始成也善，其后果败。高阳应好小察，而不通乎大理也。骥、骜、绿耳（古代快马的名字）背日而西走，至乎夕则日在其前矣。目固有不见也，智固有不知也，数固有不及也。不知其说所以然而然，圣人因而兴制，不事心焉。

本篇开宗明义指出，要认识别人没有认识到的，这才是高级的认识。犯错误者的祸患，是本来没有认识到，而自以为认识到。事物在很多情况下是那样，而实际不是那样，这是导致国家败亡、百姓受戮的认识原因。

莘和藟这两种草，单吃会毒死人，合在一起吃，反而能延年益寿。被毒虫咬伤，涂上另一种毒药，反而能解毒。漆和水都是液体，把这两种液体合在一起，反而能凝结。铜和锡都柔软，把这两种柔软之物合在一起熔炼，先是变为液体（金属熔液），冷却后则变坚硬。这是加火烧反而变成液体的事例。

小方和大方都是方这一类，小马和大马都是马这一类，可是"小智"（小聪明）和"大智"（大智慧）却不是一类（爱耍小聪明的人，让他办大事情，却显得很愚蠢）。在鉴定剑的质量时，认为是好剑的人说："白锡使剑坚硬，黄铜使剑柔韧。白锡、黄铜兼有，所以剑既坚硬又柔韧，是好剑。"认为不是好剑的人说："白锡使剑不柔韧，黄铜使剑不坚硬。白锡、黄铜兼有，剑既不柔韧，又不坚硬，不是好剑。并且按照对方所说，黄铜使剑柔韧，但柔韧则卷刃；白锡使剑坚硬，但坚硬则折断。白锡、黄铜兼有，使剑既卷刃，又折断，不是好剑。"双方议论所使用的推理形式，都是正确的假言联言推理式，见下表：

相剑者推理	难者推理	难者驳相剑者推理
白锡→坚硬 黄铜→柔韧 白锡∧黄铜 ∴坚硬∧柔韧	白锡→不柔韧 黄铜→不坚硬 白锡∧黄铜 ∴不柔韧∧不坚硬	柔韧→卷刃 坚硬→折断 柔韧∧坚硬 ∴卷刃∧折断

表中"→"读为"如果,则","∧"读为"并且"。这里,双方运用同样的推理形式(假言联言推理):

$$P \to R$$
$$Q \to S$$
$$P \wedge Q$$
$$\therefore R \wedge S$$

都以白锡、黄铜成分的性质做前提,却推出截然相反的结论,这究竟是怎么回事呢?问题在于,在剑的制作过程中,白锡、黄铜混合比例的大小,是否合乎制作好剑的需要,应对具体问题做具体分析,不是用形式推理就能解决问题。

好事小做小有益,大做大有益。而坏事做一点,也不如没有。射箭靶希望射中面积小的,射野兽希望射中体形大的。事情本来不是必然一样的,由此可以推知了。

高阳应想盖房子。木匠对他说:"现在还不行。木料还没干透,往上面糊泥土,一定会弯曲。拿没有干透的木料盖房子,眼前虽然很好,日后一定倒塌。"高阳应说:"根据你的说法,则房子不会倒塌。因为木头愈干愈有劲,泥土愈干则愈轻,用愈有劲的承担愈轻的,则不会倒塌。"

听他讲这番道理，木匠无话可说，于是按照吩咐盖房。房子刚盖成很好，后来果然倒塌了。高阳应好玩弄小聪明，而不懂得大道理。实际上，没有等湿木头干透，湿泥土早已把它压弯了。高阳应在局部上对，在整体上不对。可见单靠一个形式推理，不能从整体上解决一个复杂问题。《吕氏春秋·达郁》篇说："得其细，失其大，不知类耳。"在局部上合乎道理，在整体上不合乎道理，同样是不认识事物的类别。

千里马背着太阳向西奔跑，到了傍晚太阳反而在它前面。这是由于太阳比千里马"跑"得还快。眼睛本来就有看不到的，智慧本来就有不知道的，能力本来就有达不到的。圣人因而定下规矩：不单凭心智臆断。

本篇主旨，是区分事物类别。在肯定推知的基础上，进一步申述推理的局限性和容易产生的谬误。其中贯穿着一种认识：单靠一两个形式推理，不足以认识具体真理。要认识具体真理，应采取对具体问题具体分析的思维方法。见解虽然朴素，却启人深思。

二十四　黎丘人错杀儿子
——吕不韦论真假

《吕氏春秋·疑似》记载如下故事：

> 梁北有黎丘部，有奇鬼焉，喜效人之子侄昆弟之状。邑丈人有之市而醉归者，黎丘之鬼，效其子之状，扶而道苦之。丈人归，酒醒而诮（斥责）其子曰："吾为汝父也，岂谓不慈哉？我醉，汝道苦我，何故？"其子泣而触地曰："孽矣！无此事也。昔也往责（讨债）于东邑人，可问也。"其父信之，曰："嘻！是必夫奇鬼也，我固尝闻之矣。"明日端复饮于市，欲遇而刺杀之。明旦之市而醉，其真子恐其父之不能反也，遂逝迎之。丈人望其真子，拔剑而刺之。丈人智惑于似其子者，而杀于真子。夫惑于似士者，而失于真士，此黎丘丈人之智也。疑似之迹，不可不察。

魏国北部有个黎丘乡，相传有个鬼怪，善于装成别人的子侄兄弟的模样。当地有个老人，在集市上喝醉了酒回家。鬼怪装作他儿子的模样扶着他，一路上把他捉弄得好苦。老人回到家里，酒醒了以后，责骂儿子说："我是你父亲，对你不慈爱吗？我醉了，你在路上给我苦头吃，这是什么缘故？"

他儿子哭着趴在地上磕头说："罪过呀！没有这回事。昨天我去东乡讨债，可以查问。"父亲相信儿子的话，说："噢！必定是鬼怪作祟，我早就听说过。"第二天，他特意再去集市上喝酒，想路遇那个鬼，把它杀死。一大早，他就赶到集市喝醉了酒，他儿子怕父亲回不了家，于是赶去迎接他。老人看到他的儿子，却拔剑把他刺死了。老人的理智被像他儿子的鬼怪迷惑，而杀了自己的儿子。如果被像贤士的人所迷惑，则会失掉真正的贤士。真相和假象之间的界限是一定要审察清楚的。

《墨子·小取》规定"辩"（中国古代逻辑）的任务之一是"决嫌疑"，即区分真相和假象。《吕氏春秋》有《疑似》和《似顺》专论分清真相和假象的方法，这相当于思维方法论的内容，是中国古代逻辑的应有之义。《吕氏春秋·疑似》说：

> 使人大迷惑者，必物之相似也。玉人之所患，患石之似玉者。相剑者之所患，患剑之似吴干者。贤主

之所患，患人之博闻辩言而似通者。亡国之主似智，亡国之臣似忠。相似之物，此患者之所大惑，而圣人之所加虑也，故墨子见歧道而哭之。

即事物真相和假象的表面相似，必然使人受到迷惑而犯错误。玉和石的相似，曾使楚人卞和失去了两脚。黎丘老汉醉认儿子为鬼，而一剑刺死了儿子。这是真假不分而造成的悲剧。《吕氏春秋》提出区分真相和假象的方法，是"知审"和"加虑"。

"知审"即把情况了解清楚。传说圣人尧、舜、禹"入于泽而问牧童，入于水而问渔师"，就是因为牧童、渔师了解当时当地的情况。常人不易区分的孪生子，其亲生父母却能够区分，这是出于了解情况。

"加虑"就是加以思考分析，以便去伪存真，由表及里，做出正确判断。黎丘老汉如果那天不喝醉酒，头脑清醒，仔细分辨，就不至于酿成悲剧。《似顺》记载，楚庄王想讨伐陈国，派使臣去考察。使臣考察回来报告说："陈国不可伐。"楚庄王问："为什么？"使臣回答说："城郭高，沟洫深，蓄积多也。"

楚臣宁国动脑认真思考，做出跟使臣相反的判断："陈可伐也。"并分析原因说："陈小国也。而蓄积多，赋敛重也，则民怨上也；城郭高，沟洫深，则民力疲矣。兴兵伐之，陈可取也。"楚庄王采纳宁国的意见，把陈国灭了。宁国比使臣高明的地方，就在于他从"城郭高，沟洫深，蓄积多"的假象背后进一步看出"赋敛重"、"民怨上"和"民力疲"的深层本质，从而把使者"陈不可伐"的结论改变为"陈可伐"的相反判断。楚庄王伐陈成功，证实宁国的判断是对的，而使者的片面性结论则是受了假象的迷惑。

《吕氏春秋》是吕不韦（约前300—前235）主持编写的。公元前239年，即秦王政（秦始皇）八年，在秦担任相国，号称秦王政"仲父"（叔父）的吕不韦，集中他的三千门客的力量，编成此书。

书成后，吕不韦把它公布于首都咸阳市门，在上面悬挂千金，宴请诸侯、游士、宾客，声称有谁能增减一字，就把这些金子赏给他。结果没有人敢动其中一个字。这就是"一字千金"成语的来历。

吕不韦主编这本书，是花了很大力气的。吕不韦主编《吕氏春秋》的目的，是为秦统一天下、治理国家提供思维的工具和标准。因为此书集中了众人的力量写成，所以包含了许多值得重视的逻辑智慧。

二十五　自相矛盾有故事
——韩非子的贡献

矛盾故事千古传

韩非子关于自相矛盾的故事，流传千古，普及人心。据《韩非子·难一》载："楚人有鬻盾与矛者，誉之曰：'吾盾之坚，物莫能陷也。'又誉其矛曰：'吾矛之利，于物无不陷也。'或曰：'以子之矛，陷子之盾，何如？'其人弗能应也。夫不可陷之盾，与无不陷之矛，不可同世而立。"

又据《韩非子·难势》载："人有鬻矛与盾者，誉其盾之坚：'物莫能陷也。'俄而又誉其矛曰：'吾矛之利，物无不陷也。'人应之曰：'以子之矛，陷子之盾，何如？'其人弗能应也。以为不可陷之盾，与无不陷之矛，为名不可两立也。"楚人售矛与盾的广告词中包含着自相矛盾：

（1）吾矛能刺穿吾盾。（从誉矛之说引出）

（2）任何矛不能刺穿吾盾。（从誉盾之说引出）

（3）吾盾能抵挡任何矛。（从誉盾之说引出）

（4）吾盾不能抵挡吾矛。（从誉矛之说引出）

其中（1）与（2），（3）与（4）都构成自相矛盾。所以，当人们质问："用你的矛刺你的盾，怎么样？"楚人就不能回答了。这说明违反矛盾律的自相矛盾的逻辑错误是荒谬、悖理的，应该避免。自相矛盾的成语，从词源上说，与墨子的"命人包而去其冠"等一样，本是形象的比喻，因其包含典型的逻辑学意义，所以成为违反矛盾律的逻辑错误的代表性词语。

韩非（约前280—前233）出身于韩国贵族世家，是荀子的学生，与李斯是同学，是先秦法家思想的集大成者。有人把韩非的书传到秦国，秦王政读了极为赞赏，说："哎呀！我要是能见到这个人，跟他交流，死也无恨了！"李斯对秦王政说："这是韩非著的书呀！"

秦王政为了得到韩非，急速发兵攻打韩国，逼韩国送韩非到秦国。秦王对韩非的到来很高兴。但由于李斯的嫉妒，韩非未被信用。秦王政轻信李斯、姚贾的谗言，把韩非送进监狱。李斯乘机逼韩非自杀。韩非想见秦王政为自己申辩，但遭到拒绝。等到秦王政后悔，叫人赦免他，韩非已经吃了李斯送来的毒药身亡。

郭沫若称："韩非是绝顶的聪明人，他的头脑异常犀利。"但韩非有习惯性语言缺陷。司马迁说他"为人口吃，不能道说，而善著书"。韩非的著作富有论证性，有很强的逻辑力量。尤其是对形式逻辑矛盾律的论述，是独特精辟的。

韩非子尽管有口吃的毛病，不善讲话，然而他以生动形象的笔触和透辟的逻辑分析揭示了形式逻辑矛盾律的内容。在中国逻辑史中，韩非子第一次使用"矛盾"这个词来讲逻辑，此后千百年来为人们所习用。

到现在，人们在讲逻辑学和辩证法时，以及在日常生活中，要是不用"矛盾"这个词，许多问题就不容易讲清。中国如此，凡是用汉字的地方（如日本）也是如此。这就是韩非子的贡献和功劳。

连锁推理和应用逻辑

《解老》是韩非子对《老子》思想的解说和论证。《老子》有"祸兮福之所倚，福兮祸之所伏"一句格言式的哲理诗。韩非子在解释中运用了连锁的演绎推理形式：

人有祸则心畏恐。心畏恐则行端直。行端直则思虑熟。思虑熟则得事理。行端直则无祸害。无祸害则尽天年。得事理则必成功。尽天年则全而寿。必成功则富与贵。全寿富贵之谓福。而福本于有祸。故曰："祸兮福之所倚。"

人有福则富贵至。富贵至则衣食美。衣食美则骄心生。骄心生则行邪僻，而动弃理。行邪僻则身死夭。动弃理则无成功。夫内有死夭之难，而外无成功之名者，大祸也。而祸本生于有福。故曰："福兮祸之所伏。"

即人有灾祸，则心中不安。心中不安，则行为端正。行为端正，则考虑周到。考虑周到，则把握规律。把握规律，则遇事成功。遇事成功，则富贵双全。富贵双全，则得到幸福。所以，人有灾祸，则得到幸福。灾祸经过一系列中间环节，过渡到幸福，幸福紧靠在灾祸旁边。

人有幸福，则富贵双全。富贵双全，则丰衣足食。丰衣足食，则骄傲自满。骄傲自满，则不走正道。不走正道，则身败名裂。身败名裂，则灾祸临头。所以，人有幸福，则灾祸临头。幸福经过一系列中间环节，过渡到灾祸，灾祸潜伏在幸福里面。把这种论证公式化，即：

$$S \to M$$
$$M \to N$$
$$N \to O$$
$$O \to P$$
$$\therefore S \to P$$

这是类似亚里士多德后退式的连锁推理，是一种正确的推理形式。韩非子对思维形式和规律的应用颇具特色。其著作的论证性和感染力，源于他对逻辑的应用。韩非子是杰出的应用逻辑专家。

二十六　空木浮而知为舟
——刘安论类推

《淮南子·说山训》说："见簌（空）木浮而知为舟，见飞蓬转而知为车，见鸟迹而知著书，以类取之。"即看见空木在水中漂浮，可推知造船。看见飞蓬转动，可推知造车。见鸟爪痕迹，可推知造字。这是由已知属性相似推知未知属性相似的类比推理。类比推理是人类创造发明之母。

《淮南子》是西汉淮南王刘安（前179—前122）主编的书。刘安是汉高祖刘邦的孙子，封于淮南（今安徽省淮河以南部分地区）。刘安爱好读书、弹琴，思维敏捷，长于辩论，善写文章。曾召集宾客数千人著书立说。

汉武帝刘彻（前156—前87）当皇帝初期，对刘安很尊重。刘安把他编写的《淮南子》一书献给武帝，武帝很喜欢，爱不释手。当时武帝跟刘安谈话很投机。每次吃饭和见面都谈文说史，有很多话说，常谈到夜幕降临才惜别。

刘安后来因为谋反的事情被告发而自杀。后人为他编了许多神话。传说他好道术，修炼成仙，跟随八位神仙白日升天。临走时，他丢弃在院子里的药器被家里的鸡啄了，被狗舔了，鸡、狗都跟着主人升了天。霎时间，只听云中有鸡鸣，天上有狗叫，好不热闹。"一人得道，鸡犬升天"的成语，就来源于此。

刘安成仙的故事虽不可信，而他主编的《淮南子》一书，总汇秦汉思想，囊括百家智慧，颇有价值。就类推方法而言，《淮南子》中有许多精彩的论述，至今仍有启发意义。如《说山训》说："尝一脔肉，知一镬之味。悬羽与炭，而知燥湿之气：以小明大。见一叶落，而知岁之将暮；睹瓶中之冰，而知天下之寒：以近论远。"即尝一片肉，可推知一锅肉的滋味。在天平两端各放上羽毛和木炭，木炭的吸湿性大于羽毛，木炭重可推知空气湿度大。这是由小范围推知大范围。看见一片树叶随风飘落，可推知秋冬季节的交替。看见瓶中水结冰，可推知天气的寒冷。这是由近处推知远处。这些事例是类比和典型事例归纳的应用。

《说山训》引申说："得万人之兵，不如闻一言之当。得隋侯之珠（古代名贵珠宝），不若得事之所由。"即得到一万人的军队，不如听到一句恰当的话。得到名贵珠宝，不如发现一个事物的因果联系。古希腊哲学家德谟克利特曾说，发现一个事物的原因，胜过获得波斯王位。这是人类探索自然的科学精神的表现。

《氾论训》说："未尝灼而不敢握火者，见其有所烧也。未尝伤而不敢握刃者，见其有所害也。由此观之，见者可以论未发也，而观小节可以知大体矣。"没有灼伤自己，而不敢用手握火，是因为已经看见火烧东西。没有被割伤，而不敢用手握刀刃，是因为已经看见刀刃割东西。已经观察了许多火烧、刀割东西的事例，就可以归纳出火能烧、刀能割东西的一般命题。

从这个一般命题又可演绎出火能烧手、刀能割手的个别结论。在潜意识里已经反复无数次的归纳、演绎过程，教会我们即使没有被火烧伤、被刀割伤的经验，也不敢用手握火、握刃。这是用已知推论未知，表现出推理的巨大认识作用。

《淮南子》继承墨子、孟子等人的逻辑智慧，把类比推理和归谬法相结合，应用了归谬式类比推理。《泰族训》说："有喑（哑巴）聋之病者，虽破家求医，不顾其费。岂独形骸有喑聋哉？心志亦有之。夫指之拘也（手指卷缩伸不开），莫不事伸也。心之塞也，莫知务通也。不明于类也。"即人有聋哑病，失听失语，一定会不怕花费，破家求医。同样，思维疾病，逻辑谬误，也应该注意医治。手指卷缩伸不开，一定到处找医生治疗，心不开窍，却不设法疏通，这是"不明于类"，即违反同一律和矛盾律的逻辑谬误。

二十七　得利剑不如得巧
——刘安论方法

《淮南子·齐俗训》说:"得十利剑,不若得欧冶之巧。得百走马,不若得伯乐之数。"即得到十把利剑,不如得到铸剑高手的技巧。得到一百匹千里马,不如得到伯乐的相马术。正像一个神仙故事所说,得到"点石成金"的金子,不如得到"点石成金"的指头。得到被点的金子,终有用完之时;而得到"点石成金"的指头,却能源源不断地点金子。这个比喻,说明方法的重要。还有格言说,"好教师授人以真理,更好的教师授人以获得真理的方法";"受人以鱼,不如授人以渔(捕鱼方法)",都是指方法的重要。

刘安认为"心术",即思维方法,是所有具体方法的总括,是思考的技艺、智慧的门径。《淮南子·人间训》说:"发一端,散无境,周八极,总一管,谓之心。见本而知末,观指而睹归,执一而应万,握要而治详,谓之术。"又说:"凡人之举事,莫不先以其知,规虑揣度,而后敢以定谋。其或利或害，此愚智之所以异也。晓自然以为智，知存亡之枢机，祸福之门户，举而用之。陷溺于难者，不可胜计也。使知所为是者，事必可行，则天下无不达之途矣。是故知虑者，祸福之门户也。"这说明知识、思虑、揣量的思维活动和思维方法是做事成败的关键，是智慧和愚蠢的分界。

刘安重视研究心术，即思维的方法。他认为人的心智有分析和综合的功能，可以掌握类推和预见的技巧。人所遭逢的祸福、利害、存亡和成败，无不与思维的方法、技巧有关。一般人感到困惑的同异、是非、然不然，真相、假象的联系和区别，都是心术，即思维方法的理论所研究的。

如刘安懂得炼丹术。他说："铅之与丹，异类殊色，而可以为丹者，得其数也。"元素铅是银白色，而人工炼成的化合物铅丹（即四氧化三铅）是红色。铅和丹本是不同性质的两种东西。然而弄清其间变化的原因，把握其间变化的技巧，却能炼铅为丹。刘安的议论，表现出古代科学家的一种思维方式。

二十八　丑中有美美有丑
——刘安论全面性

《淮南子·说山训》说:"桀有得事,尧有遗道。嫫母(古丑女)有所美,西施(古美女)有所丑。故亡国之法,有可随者。治国之俗,有可非者。视方寸于牛,不智其大于羊。总视其体,乃知其大相去之远。"即暴君夏桀也有成功之处,圣王唐尧也有失败之处;丑女嫫母有其美丽之处,美女西施也有其丑陋之处。败亡之国的法律,也有可取之处;治理很好的国家的风俗,也有可非议之处。如果只看牛身上一方寸的地方,不知其整体大于羊;综观牛的整体,才知道牛的个头比羊大很多。这是提倡全面性的思维方法,而反对片面性。

《淮南子》对全面性的思维方法有极其精彩的论述,《原道训》说:"夫井鱼不可与语大,拘于隘也。夏虫不可与语寒,笃于时也。曲士不可与语至道,拘于俗,束于教也。"即不能跟井里的鱼说大海,因为它拘泥于狭隘的环境。不能跟夏天的虫说冰雪,因为它受时令的限制。不能跟片面看问题的人说大道理，因为他们受流俗和教养的束缚。

《氾论训》说："百川异源，而皆归于海。百家殊业，而皆务于治。今世之为武者，则非文也。为文者，则非武也。文武更相非，而不知时世之用也。此见隅曲之一指，而不知八极之广大也。故东面而望，不见西墙。南面而视，不睹北方。唯无所向者，则无所不通。"即众多河流、不同源泉，都归于大海。诸子百家专业各不一样，但都以治理天下社会为目的。作者批评片面看问题的人。如为武者非文，为文者非武，文武之士互相看不起。这是只见自己眼皮底下的一小片地方，而不知世界的广大。作者揭示片面性的认识论根源。如人向东面看，看不见西墙；向南面看，看不见北方。自觉克服片面性，才能看见整体。

《泰族训》说："周公诛管叔、蔡叔，以平国弭乱，可谓忠臣也，而未可谓弟也。汤放桀，武王伐纣，以为天下去残除贼，可谓惠君，而未可谓忠臣矣。乐羊攻中山未能下，中山烹其子而食之，以示威，可谓良将，而未可谓慈父也。故可乎可，而不可乎不可；不可乎不可，而可乎可。……夫天地不包一物，阴阳不生一类，海不让水潦以成其大，山不让土石以成其高。夫守一隅而遗万方，取一物而弃其余，则所得者鲜，而所治者浅矣。故大较易为智，曲辩难为慧。夫彻于一事，察于一辞，审于一技，可以曲说而未可以广应也。"

作者提出用肯定和否定相结合的复合命题反映事物的多样性和思维的全面性。如说:"周公是忠臣,不是好弟弟";"商汤、武王是贤君,不是忠臣";"乐羊是良将,不是慈父"。即肯定该肯定的,否定不该肯定的。不同命题形式的结合,可以表达事物的多样性与思维的全面性。

《保真训》说:"喻于一曲,而不通于万方之际也。"《谬称训》说:"察一曲者,不可与言化。审一时者,不可与言大。"《齐俗训》说:"愚者有所修(长处),智者有所不是。故其见不远者,不可与语大。其智不闳(宏大)者,不可与论至(最深刻的道理)。……故百家之言,指奏相反,其合道一体也。譬若丝、竹、金、石之会乐同也。其曲家异,而不失于体。天下是非无所定,世各是其所是,而非其所非。所谓是与非各异,皆自是而非人。由此观之,事有合于己者,而未始有是也。有忤于心者,而未始有非也。故求是者,非求道理也,求合于己者也。去非者,非批邪施(斜曲)也,去忤于心者也。忤于我,未必不合于人也。合于我,未必不非于俗也。至是之是无非,至非之非无是。此真是非也。若夫是于此,而非于彼,非于此,而是于彼者,此之谓一是一非也。此一是非,隅曲也。夫一是非,宇宙也。今吾欲择是而居之,择非而去之,不知世之所谓是非者,孰是孰非。事之情一也,所从观者异也。从城上视牛如羊,视羊如豕,所居高也。窥面于盘水则圆，于杯则椭。面形不变其故，有所圆有所椭者，所自窥之异也。"《要略》说："理万物，应变化，通殊类，非循一迹之路，守一隅之指。"

刘安关于正确的心术（思维方法）的主张集中到一点，即认识应由"一隅"到"万方"，从部分到整体，反对片面性，提倡全面性。事物的一个片面或部分，叫作"一曲"、"一隅"。观察、思考的片面性，叫作"察一曲"、"喻一曲"、"偏一曲"或"守一隅"。固执于片面认识的人，叫"曲士"。跟片面性相反的，叫作"道"（全面性的道理）或"万方"（各方面）。

对当时尚存在的先秦百家思想的余绪，作者持开明和涵容的态度，认为各家学说都有其存在的价值，就像不同的乐器发出不同的声音，共同汇合成美妙的乐章。在是非观上，作者认为求是，即求真理，是探求反映宇宙整体的全面性的大道理，而反对片面的是非观。

作者分析了由主客观条件限制所引起的误观察。如从城上，会把远处的牛看成羊，把羊看作猪。不同弧度的镜面，会把面容照成不同的形状。观察和思考的全面性，是辩证逻辑的基本原则。《淮南子》对全面性原则的论述，是颇有价值的。

二十九　区分白黑明是非
——刘安论真理

《淮南子·原道训》说:"察能分白黑,视美丑。而智能别同异,明是非。"即观察能区分白黑美丑,而智慧能辩明同异是非。从区分白黑美丑到辩明同异是非,从由感性到理性的认识过程说,是一个由具体到抽象的过程。因为相对来说,白黑美丑比同异是非具体;同异是非比白黑美丑抽象。

但是从辩证逻辑的思维规律说,从区分白黑美丑,到辩明同异是非,是理性思维由抽象到具体的进展过程。因为相对来说,白黑美丑是比同异是非更为外在、表面的抽象规定;而同异是非是比白黑美丑更为内在、深层的具体规定。同异指事物的相同本质和不同本质,是非指认识的正确和错误(真理和谬误)。

《墨子·小取》说,"夫辩者将以明是非之分","明同异之处",即辩学(中国古代逻辑)的功能、作用包含"别同异,明是非"。晋代鲁胜的《墨辩注序》论列中国古代逻辑范畴，说"同异生是非"，同异是客观存在的事物本质的同一性和差别性，而是非是对事物同异本质判断的真假对错。

如何认识事物本质的同异，把握具体真理，是辩证逻辑研究的课题。《淮南子》具有把握思维具体性原则的思想萌芽。《人间训》说："物类相似若然，而不可以从外（表面现象）论者，众而难识矣，是故不可不察也。"即事物的类别，经常呈现表面的相似性，似乎是那样的，但实际不是那样的。这都不可以根据表面现象下判断。这种事例很多，很难识别，不可不仔细审察。

《人间训》又说："若使人之所怀于内者（内在本质），与所见于外者（外表现象）若合符节，则天下无亡国败家矣。"这是用归谬法证明，如果事物的内在本质和外表现象是直接合一（"若合符节"）的，那么人就不会被假象迷惑，犯错误，导致亡国败家了。

《人间训》又说："物类之相摩近而异门户者，众而难识也。故或类之而非；或不类之而是；或若然而不然者；或若不然而然者。"即事物类别近似，而实际不同类的情况很多，很难识别。有的像是一类，而实际不是；有的不像是一类，而实际是；有的像是这样，而实际不是这样；有的不像是这样，而实际是这样。

《氾论训》说："夫物之相类者，世主之所乱惑也。嫌疑肖像者，众人之所眩耀（迷惑）。故狠（狠毒）者类知而非知，愚者类仁而非仁，戆（刚直而愚）者类勇而非勇。使人之相去（区别）也，若玉之与石，美之与恶，论人易矣。夫乱人者，芎䓖之与藁本也，蛇床之与麋芜也（蛇床外表像麋芜，麋芜是川芎的苗）。此皆相似者。故剑工惑剑之似莫邪（良剑名）者，唯欧冶（古善铸剑者）能名其种。玉石眩玉之似碧卢（美玉名）者，唯猗顿（古善识玉者）不失其情。"

　　意思是，事物的类似，使国君迷惑。疑惑难辨，使众人迷惑。狠毒的人好似智慧，而实际没有智慧。愚昧的人好似仁惠，而实际没有仁惠。刚直而愚的人类似勇敢，而不是勇敢。假使人与人的区别若宝玉和石头、美丽和丑恶一样明确，那么评论人就容易了。迷惑人的，像芎䓖和藁本，蛇床和麋芜，都是相似的。剑工迷惑剑类似莫邪（镆铘）的，只有欧冶能区别。玉工迷惑玉石类似碧卢的，只有猗顿不会看错其性质。

　　思维的任务在于分析不同事物的不同性质，抓住特殊性，掌握不同点，即所谓"别同异，明是非"。对于那些表面相同而实质不同的事物，更要注意分辨。从辩证逻辑上说，这里涉及思维具体性的原则，它同认识的表面性是对立的。《淮南子》列举众多实例，做出精到分析，至今仍有深刻的启示。

三十　巧驳尧能射日
——王充论归谬

王充（27—约97）《论衡·感虚篇》说："儒者传书言：'尧之时，十日并出，万物焦枯。尧上射十日，九日去，一日常出。'此虚也。"即"尧能射日"是虚假传言。怎样反驳"尧能射日"的虚传？王充说："夫水与火各一性也。能射火而灭之，则当射水而除之。洪水之时，泛滥中国，为民大害，尧何不推精诚，射而除之？尧能射日，使火不为害，不能射河，使水不为害。夫射水不能却水，则知射日之语，虚非实也。"即假如尧能射日，使火不为害，则尧亦能射河，使水不为害。今知尧不能射河，使水不为害，可类推尧亦不能射日，使火不为害。

书上传言："杞梁氏之妻向城而哭，城为之崩。"这也是虚言。怎样反驳这一虚言呢？王充说："使至诚之声能动城土，则其对林木哭，能折草破木乎？向水火而泣，能涌水灭火乎？夫草木水火，与土无异。然杞梁之妻，不能崩城明矣。"即假如哭城能使城崩，则哭林木亦能使林木折,哭水火能涌水灭火。现在知道哭林木,不能使林木折,哭水火不能涌水灭火,可推知哭城亦不能使城崩。

书上传言:"邹衍无罪,见拘于燕。当夏五月,仰天而叹,天为陨霜。"这与杞梁氏妻哭而崩城,是一样的虚言。王充反驳说:"衍兴怨痛,使天下霜,使衍蒙非望之赏,仰天而笑,能以冬时使天热乎?"由邹衍仰天笑,不能使冬时天热,推知邹衍仰天叹,也不能使天下霜。

书上传言,吕梁山崩,堵塞黄河,使黄河三日不流,晋景公穿丧服而哭之,河水为之流通。王充反驳说,如果山崩壅河,能哭之使通,则人有痈肿,使血脉不通,也能哭之而治。现在知人不能以哭治痈肿,可推知人亦不能以哭治壅河。兹将以上数例列表表示:

被反驳论题	用来反驳的论据	反驳过程	反驳方式
尧能射日	尧不能射水	∵尧不能射水 ∴尧不能射日	归谬式 类比推理
杞梁氏妻能以哭崩城	杞梁氏妻不能以哭折草破木、涌水灭火	∵杞梁氏妻不能以哭折草破木、涌水灭火 ∴杞梁氏妻不能以哭崩城	归谬式 类比推理
邹衍仰天叹能使天下霜	邹衍仰天笑不能使冬时天热	∵邹衍不能仰天笑使冬时天热 ∴邹衍不能仰天叹使天下霜	归谬式 类比推理

续表

被反驳论题	用来反驳的论据	反驳过程	反驳方式
晋景公能以哭治壅河	晋景公不能以哭治痈肿	∵晋景公不能以哭治痈肿 ∴晋景公不能以哭治壅河	归谬式类比推理

这些都是墨子、孟子等先秦诸子百家喜用、常用、惯用的归谬式类比推理。这种应用在王充著作《论衡》中极多，说明他熟悉、继承了先秦诸子百家的思维论辩方式。归谬式类比推理，是一种复杂的、综合性的反驳方式。其中贯穿着矛盾律、归谬法和类比推理三个要素。

矛盾律的运用

王充在论证中熟练地运用矛盾律，揭露论敌的自相矛盾。他在《问孔篇》、《刺孟篇》、《薄葬篇》等篇说，"圣贤之言上下多相违，其文前后多相伐"；孔子"文语相违"、"言行相违"；孟子"前后不同"、"始终不一"；墨子"薄葬而又右鬼"的议论"自违其术"，驳斥说："如以鬼非死人（所变），则其信杜伯（即右鬼）非也，如以鬼是死人（所变），则其薄葬非也。术用乖错，首尾相违，故以为非（所以认为墨子的议论是错误的）。"

王充认为"相违"（互相矛盾或反对）的判断，不能同真，知一真可推另一假。他在《雷虚篇》说："说雷之家,谓雷,天怒吼吁也。图雷之家,谓之雷公怒引连鼓也。审如说雷之家,则图雷之家非;审如图雷之家,则说雷之家误。二家相违也,并而是之,无是非之分。"

王充又在《语增篇》说:"世称纣力能索铁伸钩,又称武王伐之,兵不血刃。夫以索铁伸钩之力当人,则是孟贲、夏育(古代大力士)之匹也。以不血刃之德取人,是则三皇、五帝(据说是以仁德,而不是以强力取天下)之属也。以索铁之力,不宜受服。以不血刃之德,不宜顿兵。今称纣力,则武王德贬。誉武王,则纣力少。索铁,不血刃,不得两立。殷周之称,不得二全。不得二全,则必一非。"

王充所说"相违"的判断(包括矛盾和反对这两种情况)"不得两立","不得二全",不能"并而是之",即不能同真,知道一个真,可推知另一个假。王充强调这些意思,都是正确的,符合逻辑矛盾律的规定。但是王充没有严格区分判断的矛盾关系和反对关系这两种不同的情况,而说"不得二全,则必一非"。这是他论述中欠严密之处。准确地说,只有矛盾判断才是"不得二全,则必一非"。而反对判断则应该说是"不得二全,至少为一非,亦可同非"(至少一假,亦可同假)。不过这一点并不影响王充正确地应用归谬式推理。因为归谬式推理的要点,是指出"相违"判断不能同时肯定。同时肯定则为荒谬,必不成立。这个要点,对于矛盾和反对判断都是同样适用的。

归谬法的运用

归谬式类比推理，有一个共同的形式：

如果 P，则 Q
非 Q
所以，非 P

这是充分条件假言推理的否定后件式，是一种典型的演绎推理的有效式。在这些推理中，都预设着 P 与 Q 在某一语境内为同类的前提。根据"同类则同情"（同类事物有同样性质）的原则，从 P 出发，应能推断 Q。而已知事实或真理为非 Q，与上述推断 Q 构成矛盾。由此论证出发，判断 P 不成立。整个推导过程，符合"如果 P 则 Q，并且非 Q，所以非 P"这一归谬式推理的公式。这是归谬式类比推理中的演绎成分。

类比推理的运用

这里，前件 P 与后件 Q，又是两个有相同或相似性质的事物。王充说："水与火各一性也。能射火而灭之，则当射水而除之。夫山崩壅河，犹人之有痈肿，血脉不通也。"这是归谬式推理中的类比因素，起到了"以小况大"、"以近明远"和"以易喻难"的类推、说明和论证作用。

归谬式类比推理，是一种复杂的、综合性的反驳方式，其中贯穿着矛盾律、归谬法和类比推理三个要素。矛盾律和归谬法的应用，使议论具有必然性、逻辑性和说服力，而类比推理的运用，则使议论具有生动性、形象性和感染力。

包括王充在内的古代思想家，乐于采用这种推论方式，原因就在于此。这种推理，在现实生活中也有很强的生命力，有着广泛的应用性。如一位名叫朗宁的加拿大人，生于中国，后来在加拿大竞选议员，有人说他是喝中国奶妈的奶长大的，所以有中国人的血统。朗宁反驳说，按照你们的说法，你们是喝牛奶长大的，就应该有牛的血统。这就是归谬式类比推理。

先秦学者从墨子到吕不韦等人，运用归谬式类比推理来揭露论敌的谬误，有一个概括的说法，叫作"不知类"。王充也常用"不知类"来标示对方因违反矛盾律而产生的自相矛盾的谬误。

如他在《程材篇》中说："今世之将相，知子弟以久为慧，不能知文吏以押（熟悉）为能；知宾客以暂（短暂）为固（浅陋，不了解情况），不知儒生以希（接触少）为拙：惑蔽暗昧，不知类也。"又在《祭意篇》说："祭犹礼之诸祀也。饮食亦可毋祭，礼之诸神亦可毋祀也。祭、祀之实一也，用物之费同也。知祭地无神，犹谓诸祀有鬼：不知类也。"先秦诸子百家和王充所说的"不知类"，实际上是自相矛盾或不合逻辑的代名词。

三十一 心中有杆秤
——王充论证明

王充花了三十多年时间,写了一本书叫《论衡》。他把书名解释成权衡言论真假的一杆心中的秤。《论衡·自纪篇》说:"衡者,论之平也。"《对作篇》说:"故《论衡》者,所以铨轻重之言,立真伪之平。"这里衡、平、铨,本指衡量轻重的器具,即秤、天平,引申为权衡、标准。《论衡》就是提供权衡言论是非真假的工具和标准。

王充是东汉初年著名思想家,有著作多部,保存下来的只有《论衡》一书。《后汉书·王充传》说:"充好论说,始若诡异,终有理实。著《论衡》八十五篇,二十余万言,释物类同异,正时俗嫌疑。"

而所谓"明同异"、"决嫌疑"之类,正是中国古代逻辑即名辩之学的重要内容。从现代的观点看,其中也包含着值得重视的逻辑内涵。王充着重探讨了论证逻辑,正确说明了论证的功能和目的。从王充对《论衡》书名的解释和他对此书宗旨的规定中,可以看出其对论证的重视。

王充为《论衡》规定的宗旨是"明辩然否",去伪存真。《对作篇》说:"今《论衡》就世俗之书,订其真伪,辩其实虚。《论衡》细说微论,解释世俗之疑,辩照是非之理,使后进晓见然否之分。"

《佚文篇》说《论衡》全书,一言以蔽之,就是"疾虚妄"(反驳虚假不实的言论)。《对作篇》称当时社会"虚妄显于真,实诚乱于伪,世人不悟,是非不定,紫朱杂厕,瓦玉集糅",于是效法孟子"不得已"而"好辩",创作《论衡》一书,希望能够醒悟世人"迷惑之心","使知虚实之分"。王充写《论衡》的宗旨,是证明真理,反驳谬误。在这种证明和反驳中,王充发展了论证的逻辑。

王充在《物势篇》说,凡是有人群的地方,总会有争议、争辩。他说:"一堂之上,必有论者。一乡之中,必有讼者。讼必有曲直,论必有是非。非而曲者为负,是而直者为胜。"他证明社会人群必然有争论,争论必然有是非;有胜负,真理的一方为胜,谬误的一方为负。

王充进而说明了论证的作用和要求。他在《薄葬篇》说:"事莫明于有效,论莫定于有证。空言虚语,虽得道心,人犹不信。"《知实篇》说:"凡论事者,违实不引效验,则虽甘义繁说,众不见信。"

《奇怪篇》说:"言之有头足(有头有尾),故人信其说。明事以验证（摆出事实来证明），故人然其事。"认为引用论据来证明，才能确定论题的正确，也才能让人信服。否则即使讲得再动听，话说得再多，也是枉然。王充关于论证目的和实质的说明，与今天的逻辑教本相似，具有合理性。

三十二　论证无鬼
——王充谈推理

怎样论证"人死不为鬼"的论题？王充在《论死篇》说：

世谓死人为鬼，有知，能害人。试以物类验之，死人不为鬼，无知，不能害人。何以验之？验之以物。

人之所以生者，精气也。死而精气灭。能为精气者，血脉也。人死血脉竭。竭而精气灭，灭而形体朽，朽而成灰土，何用为鬼（假言连锁推理）？

天地开辟，人皇（传说中的远古帝王）以来，随寿而死，若（与）中年夭亡，以亿万数计。今人之数，不若死者多。如人死辄为鬼，则道路之上，一步一鬼也。人且死见鬼，宜见数百千万，满堂盈庭，填塞巷路（归谬法）。

人为人所殴伤，诣吏告苦以语人，有知之故也。或为人所杀，则不知何人杀也。或家不知其尸所在。使死人有知，必恚（怨恨）人之杀己也，当能言于吏旁,告以贼主名。若(或)能归语其家,告以尸之所在。今则不能,无知之效也(归谬法)。

今人死手臂朽败,不能复持刃。爪牙隳落,不能复啮噬,安能害人?

王充对"人死不为鬼"论题的论证,是很出色的。其中使用了如下假言连锁推理:

人死血脉竭。
竭而精气灭。
灭而形体朽。
朽而成灰土。
───────
∴ 人死成灰土。

其推理形式是:

P → Q
Q → R
R → S
S → T
───────
∴ P → T

这是一种演绎推理。论证是推理的运用。王充肯定推理在论证中的作用。同其他中国古代逻辑家一样，王充把推理叫作"推类"。因为类的同异，是推理的基础。他在《实知篇》说："凡圣人见祸福也，亦揆端推类，原始见终，从闻巷论朝堂，由昭昭察冥冥。"又说："能推类以见方来。"王充在论证中惯用"推此以论"、"推此以况"、"推况"和"淮况"等语，都含有推理之意。王充在论证中，应用了演绎、归纳和类比等各种推理形式。

类比推理是王充在论证中常用的。他在《薄葬篇》说："方比物类，为能实之。"这是肯定类比在论证中的作用。他在论证中惯用"因类以及"等词语。犹今人所谓"以此类推"，也是运用"以这类事物，推知那类事物"的类比推理。如他在《变动篇》说："杞梁之妻哭而崩城，复虚言也。因类以及，荆轲刺秦王，白虹贯日（据说象征秦王要为兵器所击杀）。复妄言也。"

归纳证明是为王充所重视的。他在《奇怪篇》说"明事以验证"，即摆出事实来证明。他在《知实篇》说"引效验"，在《对作篇》说"效之以事"和在《自然篇》说"引物事以验其言"等，都是指用个别事实来论证一般论题的归纳证明。如他在《雷虚篇》说：

> 雷者火也。以人中雷而死，即询（考察）其身，

中头则须发烧焦，中身则皮肤灼焚，临其尸上闻火气，一验也。

道术之家以为雷，烧石色赤，投于井中，石焦井寒，激声大鸣，若雷之状，二验也。

人伤于寒，寒气入腹，腹中素温，温寒分争，激气雷鸣，三验也。

当雷之时，电光时见，大若火之耀，四验也。

当雷之击，时或燔人室屋，及地草木，五验也。

夫论雷之为火，有五验。

这里先提出"雷是火"的论题，然后引用多个个别事例加以论证，这是典型的运用归纳推理的直接证明。王充所援引的个别事例，不仅有对自然现象的细密观察，而且有人为的实验活动。这在当时的科学条件下难能可贵。

王充对演绎证明也没有忽视。他认为，感觉经验的归纳，需要用心思理性的演绎来补充。王充在《对作篇》说："论则考之以心，效之以事，浮虚之事，辄立证验。""考之以心"，即用心思考，这是用理性进行演绎推理。"效之以事"，这是引用事实进行归纳证明。演绎推理和归纳推理相结合，才能发挥论证真理、反驳谬误的作用。

王充在《薄葬篇》中，从总结历史经验的角度提出问题，认为人们的议论，应该"方比物类"、"留精澄意"、"诠订以内"、"以心意议"，即用心思索，推论考订，而不能只局限于自己所闻见的局部经验。

他认为如果只相信耳闻目见的局部经验，有时反而容易受假象迷惑。他说："以耳目论，则以虚象为言。虚象效，则以实事为非。"墨子从众人的错觉和古书的讹传中，归纳出"有鬼"的结论，这与实事求是的要求相差何止千里远？

王充认为，要真正区分出真理和谬误，就应该"不徒耳目，必开心意"，即不单纯相信耳闻目见的局部经验，而一定要开动脑筋，用心思索。王充指出，墨子思想之所以不能广为流传的一个原因，是墨子的议论："不以心而原物。苟信闻见，则虽效验章明，犹为失实。"即墨子不重视心思的演绎，而仅仅迷醉于归纳所谓百姓闻见的"耳目之实"，或者是古书上记载的谬论讹传。

尽管件件都被说得活灵活现，有鼻子有眼，但毕竟有失事实的真相。墨子陷于谬误的一个方法上的根源，就在于过分重视感性材料的归纳，而轻视理性思维的演绎。王充的确看到了墨子思想中的一个重大失误及其在方法论上的失足之处。

王充的逻辑，既源于墨子，又高于墨子。王充针对墨子等人的"有鬼"论,针锋相对地指出:"人死血脉竭,竭而精气灭,灭而形体朽,朽而成灰土,何用为鬼?"他用讲道理的演绎推理,证明了"人死成灰土,而不为鬼"的结论。

三十三 孔孟的错误
——王充谈论证

论题要明确清晰

证明、反驳的目的，是辩论真假、分清是非。因此，所用语句一定要明确清晰，使人知道你赞成什么，反对什么。王充在《自纪篇》说："口言以明志。""文字与言同趋。""口则务在明言，笔则务在露文。""口论以分明为公，笔辩以获露为通。"要求做到"言无不可晓，旨无不可睹"，以便使"观读之者，晓然若盲之开目，聆然若聋之通耳"。他反对说话写文章故意"隐闭旨意"，论旨不明。

王充在《问孔篇》说，卫人蘧伯玉曾派使者去见孔子，并与孔子对话。这位使者走后，孔子批评他说："使乎！使乎！"由于孔子的批评过于简约、空洞，使"后世疑惑"，不知使者究竟犯了什么过错。从论证角度说，孔子的话，是犯了论旨不明的错误。

在《书虚篇》说，古书上所谓"齐桓公负妇人而朝诸侯"的话，含有歧义。它可以指"齐桓公朝诸侯时，南面而坐，妇人站立在背后"，也可以指"齐桓公朝诸侯，把妇人背在身后"（可见其淫乱无礼之甚）。这就如"夔一足"和"丁氏穿井得一人"一样，可以做不同的解释。从论证角度说，也犯了论旨不明的错误。

论题要保持同一

王充要求在对话、辩论（证明、反驳）中，应保持论题同一，不能应对失旨，转移论题。这是形式逻辑同一律在辩论中的应用。王充在《刺孟篇》说，孟子有一次见梁惠王，梁惠王说："老先生，您不远千里而来，将要做什么有利于我国的事情呀？"孟子脱口回答说："讲仁义就行了，何必说利呢？"

王充分析说，利有两种，有货财之利，有安吉之利。梁惠王问："何以利吾国？"怎见得梁惠王说的不是安吉之利，而一定是货财之利呢？孟子不问："何谓利吾国？"即不问明"利"的含义，就径直理解为货财之利，来加以反驳。不仅这种理解"无以效验"，即缺乏根据，而且如问安吉之利，而孟子答以货财之利，就是"失对上之旨，违道理之实",即犯了应对失旨、转移论题的错误。

王充在《刺孟篇》说,孔子问遽伯玉的使者说:"您家先生在干什么呢?"孔子是问行为政事,并非问操行品德。使者应回答说:"我家先生正在干某种事情,治理某种政事。"但使者却回答说:"我家先生想少犯错误,却办不到。"王充认为,这也是犯了应对失旨、转移论题的错误。

从总体看,王充在当时的哲学和科学论战中,继承和发展了先秦的逻辑思想,特别是在论证逻辑方面,颇有独到之处。王充的论证逻辑,犹如东汉时期逻辑思想中的一颗明珠,应该受到关注。

三十四　言不尽意有故事
——欧阳建的《言尽意论》

辩论的由来和发展

《庄子·天道》有一则"言不尽意"的故事：一天，齐桓公在堂上读书，名叫扁的木匠在堂下雕斫车轮。木匠放下手中锤、凿工具，跑到堂上说："请问国君，您读的是什么书呀？"桓公说："圣人之言。"木匠说："圣人还在吗？"桓公说："已经死了。"木匠说："那么您所读的，不过是古人的糟粕！"

桓公说："我读书，你一个木匠怎敢议论？你说得出理由就罢了，如果说不出理由，就判你死罪！"木匠说："从我所做的事来看，我雕斫车轮技巧娴熟，得心应手，却不能用语言表达，只知有技巧存于其中。不能用语言向儿子讲清楚，儿子也不能从我这里听到什么，所以我活到七十岁，还只是雕斫车轮。古人和他们不可言传的思想已经死了，那么您所读的书，不过是古人的糟粕。"这个故事也见于《淮南子·道应训》。

庄子用这个故事说明人的思维所依据的道理不能用语言充分表达。他说："语之所贵者意也，意有所随。意之所随者，不可以言传也。"《老子》五十六章说："知者不言，言者不知。"即有知识的人不说话，说话的人没有知识。《庄子·知北游》引证《老子》的话，并发挥说："夫知者不言，言者不知，故圣人行不言之教。"

庄子荒谬地要取消言谈辩说，提倡"辩不若默"，即能言善辩不如沉默无语。还说"至言去言"，即最高明的言论是不要言论。庄子这种"言不尽意"论，认为语言不能完整准确地表达思想，与"言尽意"论针锋相对。"言不尽意"论较早出现于战国末著作《易·系辞上》："书不尽言，言不尽意。"即文字不能充分表达语言，语言不能完全表达思想。以老子、庄子为代表的道家，对语言能充分表达思想这一说法持怀疑和否定态度。

在魏晋时期，"言不尽意"论很流行。三国魏学者荀粲（209—238）认为，精微奥妙的道理，不能用语言表达，也不能用思维把握。王弼（226—249）借语词、概念的相对性，提倡"言不尽意"。他说："言之者离其常，名之者离其真。"即语言、概念会引导人们失掉常道，背离真相。

蒋济（173—249）、钟会（225—264）、傅嘏（209—255）的著作，都把"言不尽意"作为立论根据。西晋张韩，更把"言不尽意"论发展为"不用舌"论。他说人们留意于言，不如留意于不言，荒谬地主张不用舌头说话。

与"言不尽意"论相对立，儒家、墨家和杂家的吕不韦，主张"言尽意"论，即语言能充分表达思想。关于"言尽意"论，孔子说："辞达而已矣。"即语言能表达思想就可以了，反对过分修饰的、夸张的言辞。

墨家著作《墨经》说："言，谓也。""以辞抒意。""循所闻而得其意，心之察也。""执所言而意得见，心之辩也。"承认语言是称谓事物、表达思想的工具，人通过心智的思考分析作用，能够通过语言把握思想。杂家著作《吕氏春秋》说："言者以喻意也。""辞者意之表也。""听言者以言观意也。""言者谓之属也。""非辞无以相期。"承认语言能够表达思想，语言有指谓事物、交流思想的功能。

在以上两种意见的辩论中，欧阳建持"言尽意"论的主张，并为这个论点做了精彩的理论发挥和总结。欧阳建的《言尽意论》，是一篇论述语言和思维关系的杰出论文。关于语言和思维关系的辩论，在中国古代叫作"言意之辩"。这一辩论，涉及逻辑学的基础理论，即逻辑学的哲学问题。

欧阳建（267—300），字坚石，渤海南皮（今属河北）人，西晋豪强大族石崇的外甥。他思维敏捷，能言善辩，才识过人，闻名于时，当时人称誉他说："渤海赫赫，欧阳坚石。"历任山阳令、尚书郎、冯翊太守，受到好评。他曾上书数赵王司马伦的罪状，后与舅石崇同被司马伦杀害，享年三十余岁。他著有文集，已失传。他有《言尽意论》一文，收入唐人编纂的《艺文类聚》卷十九。其原文如下：

  有雷同君子问于违众先生曰："世之论者，以为言不尽意，由来尚（久）矣。至乎通才达识，咸以为然。若夫蒋（济）公之论眸子，钟（会）、傅（嘏）之言才性，莫不引此为谈证。而先生以为不然，何哉？"

  先生曰："夫天不言，而四时行焉。圣人不言，而鉴识存焉。形不待名，而方圆已著。色不俟称，而黑白已彰。然则名之于物，无施者也。言之于理，无为者也。而古今务于正名，圣贤不能忘言，其故何也？诚以理得于心，非言不畅。物定于彼，非名不辨。言不畅志，则无以相接。名不辨物，则鉴识不显。鉴识显而名品殊，言称接而情志畅。原其所以，本其所由，非物有自然之名，理有必定之称也。欲辨其实，则殊其名。欲宣其志，则立其称。名逐物而迁，言因理而变。此犹声发响应，形存影附，不得相与为二矣。苟其不二，则言无不尽矣。吾故以为尽矣。"

欧阳建的《言尽意论》像一面镜子，观照出"言意之辩"的发端、发展和影响。由于"言不尽意"论是当时多数人的见解，所以欧阳建假托为"雷同君子"，即与别人雷同，人云亦云。而"言尽意"论，是与多数人不同的独立见解，所以欧阳建假托为"违众先生"，即违背众人见解，独树一帜。

语言、认识和对象

欧阳建肯定语言对象的客观性，即语言的被决定性。他说，事物的运行不依赖于语言。人对事物的认识不说出来，也已存在于意识中。事物的形体、颜色，没有名称，它的方圆黑白等性质，已经客观地存在着。名称对于事物及其规律并没有增加或减少什么。事物及其规律的名称并不是固有的、必然的。

欧阳建的议论涉及事物、认识和语言三者的关系。事物反映为认识，认识形之于语言。考察名称的根源，追溯语言的起源，可以了解名称、语言的派生性、社会性和主观性。欧阳建从语言与认识、事物的相互关联中来探讨语言的性质，是正确的。

指谓和交际：语言的功能

欧阳建说，过去和现在人们都设法把名称搞正确。圣人贤者也不能不说话，这是什么原因呢？就是因为心里明白了道理，不用语言就不能表达清楚。事物在那里确定地存在着，没有名称就不能辨别。

语言不能清楚地表达思想，人们就无法相互交际。不用名称辨别事物，精辟的认识就不能显露。把真知灼见显露出来，而名称类别都区分开来，人们就能通过语言相互交际，思想感情就能清楚地表达出来。要想辨别不同的实际内容，就应该使用不同的名称。要想把思想表达出来，就应该建立不同的称谓。欧阳建早在这里正确地指出了语言的指谓（认识）和交际（表达）两大功能。

语言的变迁

欧阳建说，名称跟随事物而迁移，语言依据规律而变化。事物的名称、规律和语言之间的关系，就像声音发出来而回响呼应着，形体存在而影子跟随着，不能把它们分成两个互不相干的东西。所以说,"言不尽意"论不成立,而"言尽意"论成立。

欧阳建的议论中,贯穿了明确的物质一元论观点。欧阳建用"声发响应"和"形存影附"的比喻,形象地说明名称、语言来源的客观性,说明名称与事物、语言和规律的联结和一致性。同时欧阳建又指出名称、语言的灵活性、变动性。所谓"言尽意"的"尽",并不是照镜子式的一次完成的动作,而是有一个跟随事物迁移变化的过程。这就跟"言不尽意"论划清了界限。这在当时是很杰出的见解。

欧阳建的"言尽意"论,在当时有很大影响。自从他对这一论题展开论证之后,其论点已为许多人所接受,成为人们谈论的热门话题。

三十五　身在林泉注墨辩
——鲁胜的《墨辩注序》

一位隐士的悲壮故事

《庄子·让王》载:"中山公子牟(魏国公子,名牟,封于中山)谓瞻子(魏国贤人,即詹子)曰:'身在江海之上,心居于魏阙(古代宫门外的阙门,代指朝廷)之下。'"魏牟所说"身在江海之上,心居于魏阙之下"这句名言,指人在江湖上隐居,内心却想着朝廷,后被简化为"身在江湖,心存魏阙",或"身在江湖,心悬魏阙",或"身在林泉,心怀魏阙"(魏牟和瞻子对话的故事,又见《吕氏春秋·审为》和《淮南子·道应训》)的成语,广为流传。

纵观鲁胜(约250—320)的一生,用"身在林泉,心系墨辩"八字概括,是很恰当的。鲁胜,字叔时,西晋代郡(今属山西省)人。少年时代就表现了出色才能。成年在京都洛阳做过佐著作郎。西晋元康初年,任建邺(今属南京市）令。精通天文历法。到建邺任职不久，撰写天文历算专著《正天论》，并上书皇帝，请求依据他的推算修订历法。

他说："若臣言合理，当得改先代之失，而正天地之纪。如无据验，甘即刑戮，以彰虚妄之罪。"这种重合理之言和重证据的思想，符合鲁胜潜心研究过的墨家逻辑的科学精神，同时也表现出鲁胜坚信真理的大无畏气概。由于朝廷没有答复鲁胜的请求，他不久就称病离职，隐居山林，从事著述。西晋大臣张华派自己的儿子去劝说鲁胜出来做官，被谢绝。《晋书》把鲁胜归入"隐逸"一类人，在《隐逸传》中叙述了他的事迹。

鲁胜的著作，除有关自然科学的《正天论》以外，还有《墨辩注》和《形名》两部有关中国逻辑的著作。《晋书》说鲁胜"著述为世所称"，可见其著作的价值为世人首肯，在学术界有重大影响。鲁胜写这两部书的雄心大志，本在于"兴微继绝"，即振兴中国逻辑，转变中国逻辑在秦汉以后的衰微之势，促使更多中国古代逻辑专著的问世。可惜这两部书都"遭乱遗失"，令人可悲可叹。"形名"即名实。鲁胜《形名》一书，是讨论名实关系的专著。"形名"，中国古籍有时写为"刑名"，"刑"通"形"，即形体、实体、物质。古代逻辑家有时称为"刑名之家"（即形名之家）。鲁胜《形名》一书遗失，是中国文化史的一大悲剧。

鲁胜的一生，是一个悲壮的故事。鲁胜心系的《墨辩》，以及鲁胜的千古名篇《墨辩注》的命运，都是悲壮的。所幸的是，鲁胜的短文《墨辩注序》，由于被《晋书·隐逸传》全文引用，幸运地被保存下来。由此我们得以察知鲁胜的未竟心愿，品味其著述中的微言大义。鲁胜的《墨辩注序》原文如下：

> 名者所以别同异，明是非，道义之门，政化之准绳也。孔子曰："必也正名，名不正则事不成。"墨子著书，作《辩经》以立名本，惠施、公孙龙祖述其学，以正形名显于世。孟子非墨子，其辩言正辞则与墨同。荀卿、庄周等皆非毁名家，而不能易其论也。名必有形，察形莫如别色，故有坚白之辩。名必有分明，分明莫如有无，故有无厚之辩。是有不是，可有不可，是名两可。同而有异，异而有同，是之谓辩同异。至同无不同，至异无不异，是谓辩同辩异。同异生是非，是非生吉凶，取辩于一物，而原极天下之污隆，名之至也。自邓析至秦时，名家者世有篇籍，率颇难知，后学莫复传习，于今五百余岁，遂亡绝。《墨辩》有上下《经》，《经》各有《说》，凡四篇，与其书众篇连第，故独存。今引《说》就《经》，各附其章，疑者阙

之。又采诸众杂,集为《形名》二篇,略解指归,以俟君子。其或兴微继绝者,亦有乐乎此也。

鲁胜的《墨辩注序》,是中国历史上第一篇研究诸子百家逻辑智慧的概论式的著作,其纵横论说了中国古代逻辑的各项基本问题,表达了他的独特见解,意义深远,值得仔细品味。

中国逻辑的定义

鲁胜对中国逻辑给出了功用定义。他把"名"作为中国逻辑的总称,犹如后期墨家把"辩"作为中国逻辑的总称一样。在这里,我们看到鲁胜把有关逻辑的论述统归于"名"这一总称之下,体现出以"名"统"辩"的趋势。这自然也反映出他对名家(辩者、诡辩家)逻辑贡献的肯定。清代学者如严复等把西方逻辑译为"名学",可以说是上承自鲁胜的观点。

这里所谓"名",不仅包括概念论,也包括判断论、推理论。这种对"名"的广义用法,在先秦就已经发端。如《墨子·经说下》说:"夫名,以所明正所不知,不以所不知疑所明。"这本来是讲推理的作用,也叫作"名"。因为推理也以概念的认识为基础。荀子也把概念论、判断论和推理论的内容都归在"正名"的总标题之下。鲁胜所谓"名",也包括"辩言正辞"等更广的含义。于是鲁胜所谓"名",就同西方所谓逻辑同义了。

鲁胜所谓"别同异,明是非",讲的是逻辑的认识作用。概念、判断和推理的认识功能,是辨别同异,判明是非。《墨子·小取》论"辩"的功用,也有"明同异之处"和"明是非之分"两项。

鲁胜所谓"道义之门,政化之准绳",说的是逻辑在政治伦理上的应用。逻辑能够为辨明政治伦理的是非利害开拓门径,提供标准。我们现在就有所谓"道义逻辑"、"法律逻辑"等应用逻辑科目,它们显然有规范政治伦理的价值。《墨子·小取》论"辩"的功用,则有"审治乱之纪"和"处利害"两项。

鲁胜对名学所下的功用定义,反映了中国逻辑的内容、特点和中国逻辑学家的目光所向。一般来说,中国逻辑学家比较关心思维形式的认识作用,以及逻辑在政治伦理实践上的意义。这就决定了中国逻辑比较注重对思维内容的分析,而较少做纯形式的探讨。

中国逻辑学家的谱系

《墨辩注序》开列了中国逻辑学家的名单,制定了中国逻辑学家的谱系，描绘了中国逻辑发展的概貌。鲁胜把孔子"正名"作为中国逻辑的一个源头，肯定了孔子对中国逻辑发端的作用。

对于墨家著作《墨经》，鲁胜以逻辑的眼光看待，把它叫作《辩经》，即辩论的经典。他认为这部书奠定了名学即中国逻辑的基础。这个评价是切中肯綮的。鲁胜认为活动于战国中后期的惠施、公孙龙继承了孔、墨的逻辑思想，而以名家纠正名实关系的专长（相当于语义学的工作）著称于世。

在社会学、政治学和伦理学观点上，孟子跟墨子是对立的，但在逻辑思维方法上则跟墨子相同。鲁胜这个看法也很有见地。荀子、庄子等，都从不同角度批评名家，但对名家发现的思维形式和规律却不能推翻。如荀子反对名家的诡辩，却又不得不承认名家的立论"持之有故，言之成理"。庄子同惠施既是辩论对手，又是知心朋友。

鲁胜能够透过先秦各个学术派别及其代表人物的对立、争辩看出其中贯穿着的共同的思维形式和方法，这在当时是一种独到之见。如果没有精深的研究，是不能形成这种见解的。鲁胜所描绘的中国逻辑的发展脉络大体上是对的，但其中也有不准确之处。如要按严格的时间顺序排列先秦逻辑代表人物的谱系，应该是：

孔子→墨子→孟子→惠施→庄子→公孙龙→荀子

而鲁胜并没有严格按时间的先后次序来叙述。鲁胜在这里只是述说中国逻辑发展的大致脉络，没有必要按照严格的编年史的规范来苛求。鲁胜按传统说法称墨子著《墨经》，这也是不正确的。近人用科学眼光考证，判明《墨经》不是一人一时之作，也不应视为墨子自著，而是经过长期酝酿，由后期墨家完成的。其著作时间，大约在公元前4世纪下半叶至公元前3世纪上半叶。在中国古代有一个习惯，即把一个学派的作品，归之于该学派的核心人物。鲁胜说墨子著《墨经》，也有这种历史的原因。

中国逻辑的概念和原理

鲁胜论述了中国逻辑的一些基本概念和原理。他运用抽象的理论思维，力图揭示中国逻辑的主要概念、原理和争论问题间的内在联系。"名必有形，察形莫如别色，故有坚白之辩。"即名称符号一定有其相应的对象形体。对对象形体的考察，一定会涉及颜色、性质，于是就产生了坚白盈离的争辩。在这个辩论中，公孙龙子坚持坚和白是相互分离的，并且认为坚白由分离而自藏，并创生事物，由诡辩走向神话。后期墨家认为，坚和白是互相渗透的，人们的认识可以由分析到综合，要全面地把握它们，由经验走向辩证法和辩证逻辑。

"名必有分明，分明莫如有无，故有无厚之辩。"即名称、概念一定要讲究界限分明，这就要区别有和无（存在和不存在），于是就产生有厚和无厚的争辩。在这个辩论中，惠施从抽象理论思维的观点看问题，认为几何学上讲的面积只有长度和宽度，没有高度，即"无厚"。

这就从概念上严格区分了有和无（有厚和无厚）的界限。后期墨家从经验的观点看问题（如一块薄木板），认为面积"无厚"不是一点厚也没有，实际上还是有一点厚（不过厚度很小）。《墨经》认为集点（即端）可以成线（尺），积线可以成面（区），积面可以成体（物体，如一块方木）。惠施和后期墨家的这一辩论，是抽象理论思维和具体经验思维的争辩。惠施在这个争辩中抽象出精确的数学概念，更接近现代科学理论。而后期墨家的看法流于常识和经验的模糊性，从概念上混淆了有和无（有厚和无厚）的界限。

"是有不是，可有不可，是名两可。"即事物的性质，有肯定的一面，就有否定的一面。人对事物的判断，有成立的一面，就有不成立的一面。这叫"两可之说"。如从概念的内涵说，白马是马（白马有马的性质）。从概念的外延说，白马不是马（白马的外延，不是马的外延）。

从可能性上说,"卵有毛"成立。从现实性上说,"卵有毛"不成立。邓析最早持"两可之说"。这种学说的一头通向辩证思维(概念的灵活性);另一头通向诡辩论(相对主义、折中主义)。如果说邓析更多地用两可之说来进行诡辩,那么惠施则更多地用它来表达辩证思维。鲁胜对两可之说的定义,也许更接近于先哲的原意。

"同而有异,异而有同,是之谓辩同异。至同无不同,至异无不异,是谓辩同辩异。"同一属概念之下,有不同的种概念,如马有白马、黄马等,这叫"同而有异"。不同的种概念,归于同一属概念,如牛、马等同为兽,这叫"异而有同"。

世界上的一切个体都归于最高的属概念,如"物",这叫"至同无不同"。世界上任意两个个体都有差异,如找不到两片完全相同的树叶,连双胞胎也有不同,这叫"至异无不异"。鲁胜明确地阐述了同异的相对性、多面性和多层次性,概括了先秦同异之辩的主要收获。

"同异生是非,是非生吉凶。"同和异,即同一性和差异性,是事物之间最普遍的关系。人对事物同异关系的判断有是非之分。认识上的是非之分,会在行动上带来利害、祸福之别。这里把事物的同异、思维表达的是非和行动的吉凶三者贯通,揭示了本体论(存在论)、逻辑学和实践效果之间的联系。

中国逻辑学家一向关心实、意、言、行，即实在、思维、语言、行为之间的一致性，注意逻辑学的认识作用和实践价值。鲁胜对这一点做出了高度的理论概括，他的"同异生是非，是非生吉凶"的著名公式，深刻地反映了中国逻辑的方法论功能和实践特色。

"取辩于一物，而原极天下之污隆（兴衰），名之至也。"中国逻辑学家在议论中喜欢举例。所谓"坚白之辩"，是用一块石头打比方，通过讨论其中坚和白的关系来表达自己在方法论上的见解。"无厚之辩"是拿一个具体的平面打比方，来讨论长、宽、高的有无关系。"两可之说"和"同异之辩"，也总有许多实例可举。拿一件东西打比方进行辩论，其终极目的是通过探讨方法论揭示国家的盛衰兴亡，这是逻辑学的作用。

鲁胜所谓"取辩于一物，而原极天下之污隆，名之至也"，恰当地反映了中国逻辑注重实践和应用价值的特点。鲁胜在修改历法的建议未被采纳而退居研究逻辑之时，仍不讳言中国逻辑的这一特色，这也反映了中国逻辑学家历尽磨难，却矢志不移，不计得失，始终关心国家兴亡的崇高品质。鲁胜身在林泉，心怀墨辩，终极目的仍是"心怀魏阙"，即国家兴亡，匹夫有责，逻辑学家更有责。

研究中国逻辑的门径

鲁胜启发了研究中国逻辑的门径。他的《墨辩注》和《形名》两部书，是关于中国逻辑研究的最早的带有指示方向意义的著作。它表明，研究中国逻辑应以《墨经》和散见于其他著作中的逻辑思想为主要素材。《墨经》固然是研究中国逻辑的重要材料，而散见于其他著作中的逻辑思想也不容忽视。近现代的中国逻辑研究，实际上受到了鲁胜著作选材方向的深刻影响。

《墨子》一书中的《经》上下，《经说》上下，原来是分别成文、互相独立的四篇著作，在先秦被称为《墨经》。而鲁胜为了研究与理解的方便，把每条《经说》引来，与相关的《经》文配列在一起，然后加以简明扼要的解释、阐发。这种做法，为后人指明了研究《墨经》的门径。

鲁胜还第一次把《墨经》叫作《墨辩》，突出了其中逻辑学的内容。现在人们说《墨辩》，可以指《墨经》，也可以指"墨家的逻辑学"，简称"墨家逻辑"。鲁胜的《墨辩注》一书，实开近现代墨家逻辑研究的风气之先。

鲁胜精心谱写的这两部中国逻辑新著，也反映出魏晋时代中国逻辑复兴的趋势。继先秦之后，中国逻辑在魏晋时期进入了第二次高潮，鲁胜的逻辑新篇是一个重要标志。《晋书》称他的著述"为世所称"，可见在当时的学术界不乏鲁胜的志同道合者。

中国逻辑，即所谓名学和辩学（或合称名辩之学），从公元前6世纪的春秋末起，中经战国、两汉，到魏晋，历时千年，土生土长，自成体系，蔚为大观。它与古印度因明和西方逻辑恰成鼎足之势，并称世界三大逻辑传统。

南北朝、隋唐时期，古印度因明随着佛教一起系统传入中国。到明末，随着西方传教士的东来，又输进了西方逻辑。清中叶以后至近现代，中国逻辑、古印度因明和西方逻辑相继在中国兴盛，并形成比较研究的高潮。

历史经验证明，逻辑是正确的思维工具，是科学知识的基础。人们要认识世界、改造世界，一定要进行正确的思维和顺畅的交际，这就要应用逻辑，避免各种谬误与诡辩。在现实生活中，我们天天要开动脑筋想问题，张开嘴巴说话，时刻离不开逻辑，应时时警惕谬误和诡辩发生。

三十六　五个问题求甚解
——心系墨辩六十年

友人曾向笔者提出中国逻辑研究的五个问题，并寻求回答。笔者承继鲁胜未竟志，心系墨辩六十年。今以试答做奉献，是非真假任评鉴。

笔者认为，数学、逻辑学、物理学、化学、天文学、地理学和生物学七大基础学科，是全人类共同的科学基本知识。渊源于西方的逻辑，是全人类共同的思维工具，是研究中国古代逻辑的正确方法。中国古代逻辑，是诸子百家争鸣辩论和朴素科学认识的思维表达工具，元典是《墨经》、《荀子·正名》和《公孙龙子·名实论》。

《墨子·小取》定义的推式论证（归谬法），是中国古代思想家逻辑敏锐性的典型例证。中国古代逻辑研究的最大困难，是古文献解读和中西逻辑比较研究科学方法的正确运用。借鉴希尔伯特元数学纲领和塔尔斯基语言层次论的观点，当今中国古代逻辑研究是对中国古代逻辑的元（后设）研究。

中国古代逻辑研究与邻近相关学科的研究，必然发生相互作用和影响，借鉴彼此的研究成果与方法。当今用发达完善的西方逻辑方法和现代语言，从事中国古代逻辑研究，促进中国古代逻辑的现代转型，中西逻辑兼容，使中国古代逻辑转换为现代人易于理解和运用的知识形态，可继续发挥中国古代逻辑为现代人类服务的积极作用。

你为什么从事中国逻辑研究

笔者从事中国古代逻辑研究，是为了探索该领域基本问题的正确答案。这些基本问题有：中国古代逻辑是否存在？其性质如何？它与西方逻辑是本质相同，还是本质不同？能否认为"不同民族有不同的逻辑"？能否认为"中国逻辑与西方逻辑除有本质上的共同性（共性，普遍性）外，还有本质上的不同性（个性，特殊性）"？这些问题，都可以纳入中国古代逻辑存在论、本质论和规律论的范畴。笔者带着这些基本问题，在中国古代逻辑研究领域探赜索隐求其解，至今经历六十年。

1974年联合国教科文组织学科分类，把逻辑列在相对于技术学科的七大基础学科第二位，即"数学、逻辑学、天文学和天体物理学、地球科学和空间科学、物理学、化学、生命科学"。我简称为："逻辑和数理化天地生。"

逻辑和数理化天地生基础学科，有全世界性，是全人类共同的基本科学知识。渊源于西方的逻辑，是全人类共同的科学知识基础和思维工具，没有地域、民族、种族、肤色、国别、经济、政治、语言文字、文化艺术、心理素质、风俗习惯、历史渊源等方面的区别和限制，是研究中国古代逻辑的正确方法。

中国现代化，中华民族融入世界进步潮流，依赖于全面掌握西方逻辑和"数理化天地生"科学知识。当今西方逻辑和数理化天地生科学知识，已完全融入中国国民教育体系，变为中国文化、中华民族精神和中国人知识结构的有机组成部分。

西方逻辑是系统、发达、完善和典型的逻辑体系。从古希腊至今，已绵延发展两千多年。中国古代逻辑系统、发达、完善和典型的程度，远逊于西方逻辑，只兴盛于公元前5世纪到公元前3世纪百家争鸣的战国时期，汉至清代两千年中绝，没有更高级的原创逻辑体系诞生，20世纪后，因受西方逻辑传入的强烈刺激，才开始重新研究。

由于西方逻辑体系的系统、发达、完善和典型，当中国走向现代化、世界化之后的近现代，中国古代逻辑研究必然以学习借鉴西方逻辑为辅助，以传承弘扬中国古代逻辑为主导。因此，中国古代逻辑的重新研究，还应以全人类几千年积淀的共同逻辑知识为方法和工具。当今中国古代逻辑研究，拒斥西方逻辑，试图自外于世界逻辑潮流，颇为不当。

《诗·小雅·鹤鸣》说："他山之石，可以攻玉。"马克思说："人体解剖对于猴体解剖是一把钥匙。"系统、发达、完善和典型的西方逻辑，作为研究中国古代逻辑的正确观点和方法，具有现实的可能性、必然性和合理性。西方逻辑是全人类的基础性和工具性理论，理所当然地是研究中国古代逻辑的正确观点和方法。借西方逻辑之石，攻治中国古代逻辑之玉，才能对中国古代逻辑给予现代科学的解释，彰显其原始的存在、本质、价值和意义，促进其现代转型，使其转化为现代人思维工具的镜鉴。

《荀子·正名》说："凡同类同情者，其天官之意物也同，故比方之疑似而通。"同样是人类，有同一本性，同一认识器官（眼耳鼻舌身和大脑），面对同一世界，必然拥有同一逻辑，正如全人类必然拥有同一数理化天地生科学知识一样。

用人类同一逻辑的观点和方法，对中国古代逻辑给予科学解释，促生中国古代逻辑的现代科学观，必定在本质上与全人类同一的逻辑一致，决不会互相矛盾，格格不入。凡与全人类同一逻辑本质相矛盾，格格不入的部分，必然不是逻辑，理应排除在逻辑范围之外。

根据西方逻辑的全世界性和全人类性特点，以及中国古代逻辑与西方逻辑本质相同性的科学认知，决不能断言："不同民族有不同的逻辑。"此说不符合世界民族史和逻辑史的基本事实，其谬误性犹如说："不同民族有不同的数理化天地生。"

也不能说："中国逻辑与西方逻辑除有本质上的共同性（共性，普遍性）外，还有本质上的不同性（个性，特殊性）。"这实际上是"不同民族有不同逻辑"的另一种说法。因此说极易与辩证法"共性和个性统一"之说相混淆，其荒谬性不易被察觉。

被认为中外逻辑"有本质上的不同性（个性，特殊性）"，在正确的解释下，其实只是现象、表现的不同。即由于国别、时代、语言、文化、学者和学派的不同，不可避免地会出现逻辑的表达、表述不同。如中国古代逻辑用古汉语表达，没有用人工语言符号作为逻辑变项，构造逻辑公式和形式化公理系统，没有使用西方逻辑家"同一律"、"矛盾律"、"排中律"等词语。

这不能说是中外逻辑本质不同，只是逻辑的一元多表。"元"，指本原、根源、本质。"表"，指表述、表达、表现。全人类逻辑本质相同，学者个人对人类共同逻辑的表述不同，但不能由此推论说："中国逻辑与西方逻辑除有本质上的共同性（共性，普遍性）外，还有本质上的不同性（个性，特殊性）。"

假如"不同民族有不同的数理化天地生","中国的数理化天地生,除与西方的数理化天地生,有本质相同的一面(共性,普遍性)外,又有中国自己本质不同的一面(个性,特殊性)",并把这些说法全部应用到中国工业生产实践活动,则中国出产的机械工业设备将全部废弃无用,因为不符合国际统一的质量标准。

"不同民族有不同的逻辑","中国逻辑与西方逻辑除有本质上的共同性(共性,普遍性)外,还有本质上的不同性(个性,特殊性)",都是虚假命题,不能不辨,不能不慎。这是我六十年潜心研究逻辑的基本认知与切身体验。

你认为界定中国逻辑研究领域的最好方式是什么?是历史阶段,文献资料,方法论抑或其他要素

界定中国古代逻辑研究领域最好的方式,是历史阶段、文献资料和方法论等要素的综合。从历史阶段说,中国古代逻辑经历发生期(前5世纪至前3世纪)、休眠期(前2世纪至19世纪)和苏醒期(20世纪至今)三个不同时期。

从文献资料说,中国古代逻辑元典是《墨经》、《荀

子·正名》和《公孙龙子·名实论》。成书于公元前5世纪至前3世纪的墨家著作《墨子》，反映墨家从辩论的应用逻辑、对象逻辑（《尚贤》等），到理论逻辑、元逻辑（《墨经》六篇）的进展。成书于公元前3世纪的《荀子·正名》和《公孙龙子·名实论》，分别是儒家和名家学者对中国古代逻辑的不同总结。

从方法论说，应用古今中西比较研究的方法，借助西方逻辑和现代语言的工具，对中国古代逻辑元典进行现代式的元研究，促进中国古代逻辑的现代转型和中西逻辑的兼容，是现代中国逻辑研究的使命、目的和特征。

德国数学家希尔伯特（Hilbert，1862—1943）的元数学纲领（metamathematics program），把所研究的理论叫对象理论，把研究对象理论所用的工具性理论叫元理论。美籍波兰裔学者塔尔斯基（Tarski，1902—1983）提出的语言层次论，把所讨论的语言叫对象语言（object language），把讨论对象语言所用的工具性语言叫元语言（metalanguage）。

"元"对应英文前缀 meta-，即在后、超越、总体。中国港台学者译为"后设"、"殿后"，即在某物之后"设立"、"殿定"。根据理论和语言分层论的观点，逻辑分对象逻辑和元逻辑（metalogic）。这种把逻辑研究区分为"对象和元"的观点，有普遍的方法论意义，是研究中国古代逻辑的犀利工具，有助于说明中国古代逻辑的性质、功能、转型和价值。

中国古代逻辑的元研究，有先秦和现代两次高潮，见下表：

两次高潮	先秦	现代
主体	先秦学者	现代学者
对象	中国古代辩论的应用逻辑，对象逻辑	中国古代逻辑（墨家辩学，荀子、公孙龙名学）
语言	古代语言	现代语言
形态	中国古代逻辑（墨家辩学，荀子、公孙龙名学）	中国古代逻辑的现代转型
性质	第一次中国逻辑元研究	第二次中国逻辑元研究
作用	为古人提供逻辑方法	为今人提供逻辑方法
评价	不经加工改造，不便今人认知应用	经加工改造，便于今人认知应用

你最喜欢展示中国早期思想家逻辑敏锐性的例子为何

笔者最喜欢展示中国早期思想家逻辑敏锐性的例子，是《小取》定义的推式论证（归谬法）。推式论证（归谬法），在墨家全部文献中表现出由辩论的应用逻辑、对象逻辑，进展到理论逻辑、元逻辑的生动过程。

从墨子活动的公元前5世纪，到《小取》产生的公元前3世纪，时代跨度二百年。在当时的百家争鸣中，出于论证说服的需要，墨子具体、形象、生动地说明议论中自相矛盾的荒谬和悖理，创造性地使用各种比喻。

《公孟》载墨子说："教人学而执有命，是犹命人包而去其冠也。""执无鬼而学祭礼，是犹无客而学客礼，无鱼而为鱼罟（网）也。"《非攻上》载墨子批评攻国者"小为非，则知而非之，大为非攻国，则不知非，从而誉之，谓之义"是自相矛盾，犹如"少见黑曰黑，多见黑曰白"，"少尝苦曰苦，多尝苦曰甘"。

墨子率先在辩论中总结出元语言语义概念"悖"，表示对方自相矛盾、荒谬和悖理。《耕柱》载墨子说："世俗之君子，贫而谓之富则怒，无义而谓之有义则喜，岂不悖哉？"《贵义》载墨子说："世之君子，使之为一犬一彘之宰，不能则辞之。使为一国之相，不能而为之。岂不悖哉？"用"悖"概念揭示对方自相矛盾、荒谬和悖理，以驳倒对方，即归谬法。

《墨经》熟练运用"悖"概念和归谬法，反驳百家争鸣中的自相矛盾议论。《经下》说："以言为尽悖，悖，说在其言。"即"一切言论是虚假的"自相矛盾，论证的理由，在于"一切言论是虚假的"本身是言论。《经说下》说："悖，不可也。之人之言可，是不悖，则是有可也。

之人之言不可，以当必不当。"即虚假就是不成立。如果这个人这个言论成立，就是有并不虚假的言论，有成立的言论；如果这个人这个言论不成立，认为它恰当，必然不恰当。《墨经》指出论证的关键，是"说在其言"，即"一切言论是虚假的"中"言论"、"虚假"的概念，涉及自身，自我相关。这是对悖论成因的深刻理解，同古印度因明和西方逻辑相通。

　　玄奘译印度陈那《因明正理门论》论自语相违似宗（自相矛盾的错误论题）的举例，是"一切言皆是妄"，与"言尽悖"论酷似。亚里士多德《形而上学》，批评克拉底鲁论点"一切命题是假的"："说一切为假的人就使自己也成为虚假的。""从一切断语都是假的这一主张，也会得出，这话本身也不是真的。"

　　古希腊有"说谎者"的悖论。克里特岛人爱庇门德说："所有克里特岛人说的话都是谎话。"如果这句话真，由于它是克里特岛人说的话，则这句话本身是谎话，即假。如果这句话假，能推出其矛盾命题"有克里特岛人说的话不是谎话"，不能推出这句话真。这是非典型的语义悖论。

　　《墨经》批评的"言尽悖"论，同爱庇门德的"说谎者"悖论相似。爱庇门德命题的"谎话"，意同于《墨经》命题的"悖"，即二者谓项相同。不同的是，《墨经》

批评的"言尽悖"论，主项外延指"所有人的言"；爱庇门德的"说谎者"悖论，主项外延指"所有克里特岛人说的话"。

"说谎者"悖论，后表述为"我说的这句话假"，这是典型的语义悖论：由真推假，由假推真。悖论是矛盾的恒假命题。语义悖论是涉及语言意义、断定和真假概念的悖论。中国、印度、西方三大逻辑传统，对语义悖论有相同思考的事实，是对中西逻辑同一性的证明。中西语义悖论，见下表：

逻辑传统	语义悖论
墨家辩学	言尽悖
古印度因明	一切言皆妄
西方逻辑	一切命题是假的，所有克里特岛人说的话都是谎话，我正在说的这句话是假的

墨子在论辩中常用归谬式类比推理，总结出"不知类"、"知小不知大"、"明小不明大"的惯用语，表示对方议论的自相矛盾。《公输》载墨子引公输般声称"吾义固不杀人"（我讲仁义本来不杀人），却帮楚国造云梯，杀更多百姓，墨子批评他"义不杀少而杀众，不可谓知类"（讲仁义不杀少数人，却杀多数人，是不知事物的性质类别）。

《尚贤》载墨子批评杀牛羊、制衣裳、医病马、修危弓等小事，知道尚贤使能，而到治国大事，却不知道尚贤使能，是"明小不明大"。先秦诸子百家孟子、庄子、公孙龙和吕不韦等，都极善运用归谬法，说明墨家辩学的逻辑，有普遍的工具性。

《小取》说："此与彼同类，世有彼而不自非也，墨者有此而非之。"这是揭示对方自相矛盾，运用归谬式类比推理。《小取》用古汉语的元语言，对归谬式类比推理做出理论总结，制定定义说："推也者，以其所不取之，同于其所取者，予之也。"

"推"是归谬式类比推理，其公式是：对方赞成"彼"命题，不赞成"此"命题，我则向对方证明"此与彼同类"，如果对方仍不赞成"此"命题，则陷于自相矛盾，从而用逻辑力量迫使对方赞成"此"命题，以消除逻辑矛盾。其规则，是"以类取，以类予"和"有诸己不非诸人，无诸己不求诸人"，体现同一律和矛盾律的逻辑要求。

西方最早发现的逻辑规律是矛盾律，运用矛盾律的归谬法是最早应用的论证方法。归谬法是辩论术和逻辑学的核心。希腊文辩论术（辩证法）Dialektikos（Dialectic），是动词"讨论"的引申，特指归谬法（Reductio ad absurdum），亦称归于不可能（Reductio ad impossibile）。形式是：如果p则q，非q，所以非p。即在辩论中揭露对方矛盾，以战胜对方的方术。后成为西方对逻辑的第一个专门术语，是逻辑的总称，沿用至中世纪和近代。

古希腊哲人毕达哥拉斯、芝诺、苏格拉底和柏拉图等，都在证明反驳中熟练运用归谬法。印度逻辑术语梵文Tarka，原指归谬式推论，后扩大为逻辑学的统称。葡萄牙人傅泛际（P. F. Furtado，1587—1653，1621年来华）和李之藻中译第一部西方逻辑著作，葡萄牙高因盘利学院刊行《名理探》原本，是辩论术Dialecticam。中西归谬法，见下表：

逻辑传统	名称	要点	别称
墨家辩学	推	以其所不取之，同于其所取者，予之也	明小不明大；知小不知大；不知类
西方逻辑	辩证法 Dialectic	揭露对方议论中的矛盾，以战胜对方的方术	论辩术 归谬法 Reductio ad absurdum 归于不可能 Reductio ad impossibile

中国逻辑研究的困难问题为何

中国古代逻辑研究最困难的问题，在于古文献解读和中西逻辑比较研究科学方法的正确运用。关于古文献解读，中国古代逻辑研究的对象是中国古代逻辑文献。黑格尔说，逻辑"所要研究的是更深的原理、更难的对象和范围更广的材料"。

被晋代鲁胜称为《辩经》的墨家辩学重镇《墨经》，从秦汉至清两千多年，无人通晓、引用、说明和发挥，没有高于墨家辩学的逻辑体系诞生。明末首译西方逻辑《名理探》的李之藻，清末校释《墨子》数十年的古文字学家孙诒让，都不了解墨家辩学的逻辑内容。这不是由于他们不懂得古汉语，而是由于当时缺乏解读墨家辩学中逻辑专业知识的准备，没有能借助西方逻辑科学方法的犀利工具。

孙诒让说，先秦诸子以《墨子》为最难读；《墨子》以《墨经》为最难读。《墨经》几需"九译乃通"，故学者"罕能津逮"。黄绍箕《墨子间诂跋》说，《墨经》"有专家习用之词"、"有名家奥衍之旨"。解读墨家辩学的逻辑专业知识，要能读懂体例和语法结构都极为特殊的墨家元典，用现代逻辑和语言工具给予恰当分析。

孙诒让1897年写信给梁启超说，对"《经》《说》诸篇，闳义妙旨，所未窥者尚多"，"疑其必有微言大例（基本规律），如欧洲论理家雅里大得勒（亚里士多德）之演绎法，培根之归纳法，及佛氏之因明论者，惜今书讹阙，不能尽得其条理"。孙氏笼统猜测《墨经》有逻辑，不具体了解其中有哪些逻辑内容。

西方逻辑翻译家严复在《名学浅说》中说："夫名学为术，吾国秦前，必已有之。"严复笼统地说中国古代有逻辑，也不具体了解墨家辩学的逻辑内容。正确解读古代文献，读懂中国古代逻辑元典，是当今中国古代逻辑研究第一大难关。

关于中西逻辑比较研究科学方法的正确运用。方法是方向、途径、手段、工具和程序的统称。明确中国古代逻辑研究的主题、方向、目的和宗旨，明确中国古代逻辑研究做什么，解决什么问题，是中国古代逻辑研究科学方法论的应有之义。

此外，还必须明确中国古代逻辑怎样研究，知道研究的途径、手段、工具和程序。在读懂中国古代逻辑元典的基础上，选择适当方法，正确分析中国古代逻辑资料，是中国古代逻辑研究的第二大难关。正确运用中西逻辑比较研究方法，是中国古代逻辑研究方法论的要义，是获取预期成果的关键。

你认为哪些研究领域，会从中国逻辑研究中获得启迪？反过来，中国古代逻辑研究，可从哪些学科研究中获益

中国古代逻辑研究，是从属于逻辑和哲学史、思想史、文化史研究的子项目，必然与逻辑和哲学史、思想

史、文化史研究的其他分支学科发生相互作用与影响，可彼此借鉴研究成果和方法。近百年的许多重要著作可资证明。

中国古代逻辑元研究的方法，是受希尔伯特元数学纲领和塔尔斯基语言层次论的启发。中国古代逻辑研究，已经从中国哲学史、思想史、文化史的研究成果和方法中获益，而中国古代逻辑研究的进展，必然丰富中国哲学史、思想史、文化史的教学和研究。这是各界学人长期研究的共同体验。

科学哲学中学术发生机制与社会功能的理论，对中国古代逻辑研究启发良多。李白《将进酒》诗中说："天生我材必有用。"中国古代逻辑不是无缘无故产生，也不会渺无踪影消失。中国古代逻辑有其产生发展的必然机理和适应社会需要的功能与作用。

当今用发达的西方逻辑科学方法和现代语言，从事中国古代逻辑研究，促进中国古代逻辑的现代转型，中西逻辑的贯通融合，使中国古代逻辑转换为现代人易于理解和运用的知识形态，可继续发挥中国古代逻辑为现代人服务的积极作用。

后 记

本书原版《诸子百家的逻辑智慧》，机械工业出版社2004年版。本次修订再版，易名为《诸子百家逻辑故事趣谈》，由商务印书馆出版，经丁波、杜海泓、李建军、王希、鲍海燕诸同仁精心编校，谨致由衷谢意。

孙中原

2013年12月10日